中国低碳循环经济发展模式研究

吴丽华◎著

吉林出版集团股份有限公司
全国百佳图书出版单位

图书在版编目（CIP）数据

中国低碳循环经济发展模式研究 / 吴丽华著 . -- 长春：吉林出版集团股份有限公司，2023.5
ISBN 978-7-5731-3608-4

Ⅰ.①中… Ⅱ.①吴… Ⅲ.①低碳经济—循环经济—经济发展模式—研究—中国 Ⅳ.① F124.5

中国国家版本馆 CIP 数据核字 (2023) 第 105409 号

中国低碳循环经济发展模式研究
ZHONGGUO DITAN XUNHUAN JINGJI FAZHAN MOSHI YANJIU

著　　者	吴丽华
责任编辑	林　丽
封面设计	李　伟
开　　本	710mm×1000mm　　1/16
字　　数	215 千
印　　张	12
版　　次	2024年1月第1版
印　　次	2024年1月第1次印刷
印　　刷	天津和萱印刷有限公司

出　　版	吉林出版集团股份有限公司
发　　行	吉林出版集团股份有限公司
地　　址	吉林省长春市福祉大路 5788 号
邮　　编	130000
电　　话	0431-81629968
邮　　箱	11915286@qq.com
书　　号	ISBN 978-7-5731-3608-4
定　　价	72.00 元

版权所有　翻印必究

作者简介

吴丽华 女，1983年4月出生，广东省广州市人，毕业于江西农业大学，硕士研究生学历，现在井冈山大学任讲师，全国职业指导师。研究方向：应用经济学和区域经济学。主持并完成江西省教育工委党建项目1项、市厅级课题3项，参与国家社会科学基金1项，国家自然科学基金1项，发表论文10篇。

前 言

温室气体排放带来的气候变化是当今世界面临的重大挑战之一。但是，石油、煤炭、天然气等碳基能源需求在世界经济发展的未来一段时间内仍将继续增加，从而二氧化碳的排放量也将持续上升，由此带来的环境恶化问题将随之加剧。21世纪初，为了应对全球气候变暖这个日趋严峻的问题，部分西方国家提出了"低碳经济"这个概念。从发展实际来看，低碳经济基础模式体现出了低能耗、低污染、低排放的特征。在经历农业文明、工业文明阶段之后，向低碳经济发展模式转变是人类社会发展的又一重大转折点。低碳经济本质上是提倡开发清洁能源、提高能源利用率、追求绿色 GDP 的经济发展模式。低碳经济发展的核心是能源开发的创新、生产排放的减少、产业结构的调整和社会生产发展理念的转变。

在新的社会生产发展趋势下，循环经济的概念诞生了。循环经济要求社会经济活动做到减量化、废物再利用、再循环、减量化优先。通过将经济活动与生态学规律相结合，使生产活动变为一个"资源—产品—再生资源"的绿色循环系统。这样社会生产效率将会大幅度提升，同时减少资源的消耗和污染的产生，进而提高社会经济运行质量和生产效益。在传统经济发展模式下，社会生产对资源的消耗量较高，利用率却很低，同时产生了大量废弃物和污染物，在资源日益减少的形势下，这种粗放的生产模式显然无法满足可持续发展的理念需求，因此循环经济模式的产生和发展是顺应当前社会发展形势的。随着我国经济的发展以及社会结构的变化，经济发展与自然环境保护、资源节约之间的矛盾凸显，采取循环经济发展模式显然成了我国工业转型、城镇化发展的必由之路。

本书第一章为低碳经济与循环经济概论，分别介绍了低碳经济的发展背景、低碳经济的内涵与理论基础、循环经济的内涵与理论基础、循环经济的经典发展模式四部分内容；第二章为低碳经济发展模式的国际经验，分别介绍了发达国家的低碳经济发展和发展中国家的低碳经济发展两部分内容；第三章为中国低碳经济的发展背景与政策支撑，分别介绍了中国低碳经济发展的目标与途径、中国低碳经济的发展战略和中国低碳经济的发展模式三部分内容；第四章为中国循环经济的政策支撑与发展模式，分别介绍了中国循环经济发展的政策支撑和中国循环经济发展的发展模式两部分内容；第五章为中国低碳与循环经济的发展实例研究，分别介绍了中国低碳农业发展、中国低碳能源发展、中国园区层面的循环经济发展和中国社会层面的循环经济发展四部分内容。

在撰写本书的过程中，作者得到了许多专家学者的帮助和指导，参考了大量的学术文献，在此表示真诚的感谢。

作者水平有限，加之时间仓促，本书难免存在一些疏漏，在此，恳请同行专家和读者朋友批评指正。

吴丽华

2023 年 1 月

目 录

第一章 低碳经济与循环经济概论 ··· 1
 第一节 低碳经济的发展背景 ··· 1
 第二节 低碳经济的内涵与理论基础 ······································ 11
 第三节 循环经济的内涵与理论基础 ······································ 32
 第四节 循环经济的经典发展模式 ·· 43

第二章 低碳经济发展模式的国际经验 ·· 51
 第一节 发达国家的低碳经济发展 ·· 51
 第二节 发展中国家的低碳经济发展 ······································ 60

第三章 中国低碳经济的发展背景与政策支撑 ·································· 67
 第一节 中国低碳经济发展的目标与途径 ·································· 67
 第二节 中国低碳经济的发展战略 ·· 77
 第三节 中国低碳经济的发展模式 ·· 83

第四章 中国循环经济的政策支撑与发展模式 ·································· 87
 第一节 中国循环经济发展的政策支撑 ···································· 87
 第二节 中国循环经济的发展模式 ·· 99

第五章　中国低碳与循环经济的发展实例研究·················125
　　第一节　中国低碳农业发展·················125
　　第二节　中国低碳能源发展·················131
　　第三节　中国园区层面的循环经济发展·················148
　　第四节　中国社会层面的循环经济发展·················162

参考文献·················178

第一章 低碳经济与循环经济概论

本章主要讲述的是低碳经济与循环经济概论,主要从四个部分进行具体论述,分别为低碳经济的发展背景、低碳经济的内涵与理论基础、循环经济的内涵与理论基础和循环经济的经典发展模式。

第一节 低碳经济的发展背景

一、气候变化与温室效应

(一)气候变化

气候变化指的是自然因素之外,由于人类的生产、生活活动所造成的地球大气的变化及其所引发的气候变化。

地球气温变化与太阳的活动周期紧密相连。太阳活动的强弱决定了地球所接收到的宇宙射线的数量,进而导致地球不同高度云量的变化,云层对阳光和红外射线的反射能力发生变化,最终导致气温发生改变。尽管太阳活动可能是造成气候变暖的原因之一,但人类排放的温室气体才是导致全球气候变暖的主要原因。

气候变化问题被认为是威胁世界环境、人类健康与福利和全球经济持续性的最危险的因素之一,被列为全球十大环境问题之首,并日益成为国际社会的一个热门话题。究其原因,气候变化不仅影响了地球的环境和气候,同时也会对人类的生产、生活等方式产生影响,严重时还会对人类的生存空间产生危害。可见,气候变化是人类生存发展所必须重视的问题。

地球的生态系统平衡十分脆弱,平均气温的微小变化就可能让生态系统受到巨大影响。因此,气候变化是一个典型的全球尺度的环境问题。

6亿多年的地球气候史是以温暖时期和寒冷时期交替演变为基本特点的。气候的变迁呈现一种旋回性节律。气候旋回又可分为世纪内旋回、超世纪旋回和冰期－间冰期旋回三种。气候变化曾经引起大规模的生物灭绝。然而，自从工业革命以来，尤其是19世纪以来，人类活动打破了地球气候变迁的周期，地球气候正在以空前的速度变暖。

（二）温室效应

炽热的太阳以短波辐射的形式向地球辐射能量，其最大能量集中在波长600nm处。地面向外的辐射大约相当于285K黑体的辐射，最大能量位于波长16000nm附近，相对于太阳辐射来说可称之为长波辐射。

"温室效应"是指现代工业生产所带来的一种特殊的气候效应。如果地球没有大气层，那么地球的平均温度将会下降到－18℃左右。保持地球温度处于适宜区间内的是大气层中的温室气体。温室气体能够吸收红外线辐射，让地球表面的能量处于平衡区间，从长期的平均值来看，地球大气层以及地表所吸收的太阳辐射能量与地球向外以红外线形式释放的辐射能量是大致相当的，这样才能保证地球的温差不至于过大。但是大气层温室气体增多会使太阳短波辐射穿过大气层射向地面，地表温度上升，之后释放的长波辐射却受温室气体影响无法到达地球大气层外，这样，地球的温度将会持续上升，形成温室效应。现今社会，人类的生产和生活活动释放出大量温室气体，这也就导致地球温室效应进一步增强。

（三）气候变化与温室效应的证据

虽然现在还有一部分科学家对全球气候变暖持怀疑态度，但通过对近些年地球各地气候变化和气温变化的了解可知，全球气候变暖现象是不容忽视的事实。全球变暖现象已经造成了许多气候异象。有学者统计了相关数据，从19世纪到20世纪，全球的平均气温升高了0.3℃～0.6℃，而最近的十多年，全球气温上升的速度也有所增长。根据联合国环境规划署所公布的数据可知，进入21世纪以来，地球表面温度每十年增长约0.3℃。这是过去一万年里都未曾有过的上升速度。[1]

---

[1] 挂云帆. 当前存在的主要环境问题 [EB/OL].（2021-05-06）[2022-12-25]. https://www.guayunfan.com/lilun/764062.html

近年来，科学家已经观测到南北两极海冰厚度明显变薄，冰川后退。2002年12月初，美国航空航天局（NASA）公布了最新卫星记录：北冰洋的冰块正以高出往日9%的速度融化，面临在21世纪末全部消失的危险。40年前，北极夏天的平均冰层厚度为4.88米，而现在只有2.75米左右。截至2002年9月夏季结束时，北冰洋的冰块覆盖面积下跌至约518万平方千米，比历史同期水平至少缩小了103万平方千米①。

据《新疆经济报》报道，林业部门的测算表明，近年来由于温室效应加剧，我国50%的冰川退缩和变薄，雪线上升、冰川后退的平均速度为每年10～20米，昆仑山雪线上升最快时达每年100米②。

二、温室效应增强的影响

温室效应增强已经是人类不可回避的事实。接下来，人类要面对的就是温室效应增强给人类带来的恶果——气候变暖将在全球范围内对气候、海平面、农业、林业、生态平衡和人类健康等方面产生巨大的影响。

（一）海平面上升

海平面上升对人类的影响主要表现为以下两个方面：

（1）海岸侵蚀加剧，部分沿海城市将被淹没或内迁，沿海的水利设施、堤防受到破坏，沿海陆地面积缩小。

（2）咸水入侵，影响沿海的耕地面积，特别是河流三角洲和沿海平原，使土地盐碱化和沼泽化。

沿海地区地理位置优越，向来是人类工业和经济发展的重要区域，也是人口密集区域。根据推测，假如海平面上升1米，全球就会有约10亿人因此遭受灾难，约4亿人失去居所。岛国或大部分面积沿海的国家将会消失；约有500万平方千米的土地将会受灾，世界上1/3的耕地将会受到严重影响③。

---

① 杨学祥. 关注全球灾害频发的地磁环境 [EB/OL]. （2004-02-24）[2022-12-25]. https：//guancha. gmw. cn/2004-2/24/964001. htm.
② 凤凰网. 新疆阜康加大力度保护博格达冰川 [EB/OL]. （2008-09-06）[2022-12-25]. https：//news. ifeng. com/c/7fYOabjYPEC.
③ 甘肃大众科普网. 海平面上升 [EB/OL]. （2022-08-09）[2022-12-27]. http：//gskjb. cn/kpbl/zrzh/hyzh/content_123649.

（二）冰川消退

对于人类而言，全球平均气温的小幅度波动或许无法造成明显影响，但是对于冰川而言却是巨大的影响。轻微的气温上升就能使冰川融化，使高山冰川的雪线上移。

近百年来，由于温室效应，海洋气温上升，导致海平面上升了2~6厘米，格陵兰冰盖大面积融化，造成全球海平面上升了2.5厘米左右[①]。冰川平衡发生了变化，地球液态水存量也会相应发生变化。假如南极的其他冰盖也融化，地球绝大部分陆地将会陷入汪洋之中。

融化的冰雪不仅会导致海平面上升，更会促使气候变暖。要知道，海洋冰面和冰川都是地球的"凉爽剂"，它们能在春季反射80%的太阳光，在冰雪融化的季节反射40%~50%的太阳光。在冬季，海洋的冰面在温暖的海水和寒冷的空气之间又充当了保护膜作用。也就是说，如果没有大量极地冰块来反射阳光，地球变暖更会加速。

（三）加剧洪涝、干旱与其他气象灾害以及荒漠化

气候变暖所造成的另一重要问题是气候灾害的增加。全球气温的升高会导致地球气候带向北移动，地球上的湿润区和干旱区将会发生改变，因此会导致某些地区频繁发生气候灾害，如，洪水、干旱等，这些灾害现象不仅会给人类社会带来经济损失和伤亡，更会导致当地生态系统失衡。部分科学家对以往气候变化的历史数据进行分析，进而推测气候持续变暖可能会破坏海洋环流系统，导致冰河时期重新降临，高纬度地区将会发生十分可怕的灾难。美国好莱坞影片《后天》，对此作了生动的演绎。

气候变暖也会导致地球荒漠化加剧。气候变暖会导致部分地区降水量减少，同时水蒸发量却会增加，因此地区缺水问题加剧。对于地球上本来就存在水资源稀少的问题区域，荒漠化是其必然的结局。现今，世界上每年都会增加约6万平方千米的沙漠，这样的荒漠化速度对于占据地球陆地总面积1/4的干旱地区而言是十分危险的。世界各国都应对这个问题提起足够的重视[②]。

[①] 互联百科. 南极的冰川融化会造成怎样的危害 [EB/OL]. （2022-10-09）[2022-12-27]. https://www.cooboys.com/zhzs/202210/431457.html.
[②] 张肖林. 全球变暖对我国干旱地区的影响及对策 [EB/OL]. （2019-05-14）[2022-12-23]. https://www.xiexiebang.com/a12/2019051416/1b28a79405fdbb99.html.

气候变化所带来的灾难早已不是科学家的推测，而是存在于现实中的危险，并且在不断扩大，给人类社会的生存和发展带来了危害。2003年，欧洲出现了酷热的现象，导致约2万人死亡，农业损失高达100亿美元[①]。科学家推测，2003年，欧洲曾出现的酷暑到了21世纪中期可能每年夏天都会出现。极端天气与气候事件的变化与预测，如表1-1-1所示。

表1-1-1 极端天气与气候事件的变化与预测

观测变化的信度（20世纪后半叶）	事件的变化	预测变化的信度（21世纪）
可能	陆地上T_{max}更高，热日更多	很可能
很可能	陆地上T_{min}更高，冷日与霜日更少	很可能
很可能	陆地大部地区日温度差减少	很可能
许多地区可能	陆地热指数增加	大部地区很可能
北半球中高纬陆地地区可能	强降水事件增多	大部地区很可能
有些地区可能	夏季大陆干化与相关干旱风险增加	大部分中高纬内陆地区可能
观测不足	热带气旋最大风速强度增加	某些地区可能
观测不足	热带气旋平均和最大降水强度增加	某些地区可能

（四）影响农业和自然生态系统

大气中二氧化碳浓度的升高以及气温变暖从某个角度来讲是利于农作物生长的，能够增加植物的光合作用量，延长植物的生长期，从而使世界上的部分地区变得更加适合农耕活动。但是气温升高和降雨量以及降水形态的变化也会导致原有的部分农耕地区变得不再适合农业发展。与此同时，森林系统也会遭到破坏，干旱区和半干旱区的农业风险增长。从这一角度来讲，人类应当重视极端天气所带来的影响，寻找农业活动免受影响的方法。

（五）对人类健康的影响

热带和亚热带地区较为适合蚊蝇等昆虫生存，这类昆虫是包括疟疾在内的许

[①] 杨学祥. 连续18年暖冬的错误解读：科学与实践[EB/OL].（2012-12-07）[2022-12-23]. https://blog.sciencenet.cn/blog-2277-640201.html.

多疾病传播的媒介，而高温环境也更加适合这些昆虫和有害的细菌病毒的繁殖。因此，全球温度升高也可能导致疟疾、血吸虫病、黑热病、登革热、淋巴丝虫病、脑炎等病在许多国家传播开来。尤其是处于高纬度的地区，这类传染性疾病的危害性会更大。

温带气候的改变造成了高地气温的升高，蚊子等昆虫也会向更高海拔区域扩散，同时传播疾病。1997年，在坦桑尼亚和印度尼西亚的热带高地，蚊虫转移使这些地区首次爆发了疟疾。

登革热病毒以前只在海拔1000米以下的区域引起过疾病，但如今墨西哥海拔近2000米的地方也出现了登革热疾病。哥伦比亚海拔超过2000米的地方也发现了能够携带和传播登革热病毒和黄热病病毒的媒介性昆虫。可见气温上升让许多传染性和危害性很强的病毒有了更多的生存空间。

气候变暖对人类健康和寿命的影响也很大。高温会增加传染病发生的概率，提高传染病传播的速度，同时也会加重人体系统的负担，提高死亡率。

三、主要的"温室效应"气体

温室气体有很多种，包括大气中原本就存在的二氧化碳、水蒸气、臭氧、各类氮氧化物，也包括工业迅速发展的这些年里人类各类活动所排放的氢氟化物、氯氟甲烷、全氟化物、硫氟化物等有害气体。不同物质形成的温室气体其吸热能力也有所区别，如每分子甲烷的吸热量是每分子二氧化碳的21倍，而氮氧化物的吸热能力更高，是二氧化碳的270倍。但是人类所创造的温室气体吸热能力远远超出这些气体，达到了十分恐怖的高度。目前，人造温室气体中，吸热能力最高的是氯氟甲烷和全氟化物。

在地球的长期演化过程中，自然界本身排放着各种温室气体，也在吸收和分解它们，大气中温室气体的变化是很缓慢的，处于一种循环过程。

但是，随着18世纪以来的工业化进程的加速，特别是21世纪以来，越来越多的科学观测表明，大气中各种温室气体的浓度都在增加。几种主要温室气体及其特性，如表1-1-2所示。

表 1-1-2　几种主要温室气体及其特性

温室气体	来源	去除	对气候的影响
二氧化碳（CO_2）	燃料；改变土地的使用（砍伐森林）	被海洋吸收；植物的光合作用	吸收红外线辐射，影响大气平流层中 O_3 的浓度
甲烷（CH_4）	生物体的燃烧；肠道发酵作用；水稻	和 OH^- 起化学作用；被土壤内的微生物吸收	吸收红外线辐射，影响对流层中 O_3 及 OH^- 的浓度，影响平流层中 O_3 和 H_2O 的浓度，产生二氧化碳
一氧化二氮（N_2O）	生物体的燃烧；燃料；化肥	被土壤吸收；在大气平流层中被光线分解，与氧起化学作用	吸收红外线辐射，影响大气平流层中 O_3 的浓度
臭氧（O_3）	光线令 O_3 产生光化作用	与 NO_x、ClO_x 及 HO_x 等化合物的催化反应	吸收紫外光及红外线辐射
一氧化碳（CO）	植物排放；人工排放（交通运输和工业）	被土壤吸收；和 OH^- 起化学作用	影响平流层中 O_3 和 OH^- 的循环，产生二氧化碳
氯氟碳化物（CFCs）	工业生产	在对流层中不易被分解，但在平流层中会被光分解，与氧发生化学作用	吸收红外线辐射，影响平流层中 O_3 的浓度
二氧化硫（SO_2）	火山活动；煤及生物体的燃烧	干和湿沉降；与 OH^- 发生化学作用	形成悬浮粒子而散射太阳辐射

（一）二氧化碳（CO_2）

夏威夷的冒纳罗亚观象台在 1958 年已开始对大气层二氧化碳浓度作仔细量度。冒纳罗亚观象台的数据反映了二氧化碳浓度每年在北半球因为植物呼吸作用而产生的周期变化：二氧化碳浓度在秋冬季时增加而在春夏季时减少。与北半球比较，这种随着植物生长及凋萎的二氧化碳浓度周年变化在南半球的出现时间恰恰相反，而且变化幅度较小，这种现象在赤道附近地区则完全看不到。

人类减缓全球气候变暖的关键在于如何有效减少温室气体的排放量，而温室气体中最严重的首推二氧化碳。地球二氧化碳的浓度，随着全球工业化进程的加速在迅速升高。在 1750 年之前，全球大气中二氧化碳的含量稳定在一个较低的水平上（图 1-1-1）。但是工业革命爆发后，人类的生产活动消耗了大量煤炭之类的化石燃料，也破坏了许多地方的植被和生态系统。温室气体的排放量大幅度增长，相应的吸收量却因为植被的减少而减少，因此大气中二氧化碳的含量逐步上升,现今已达到400.83ppm。

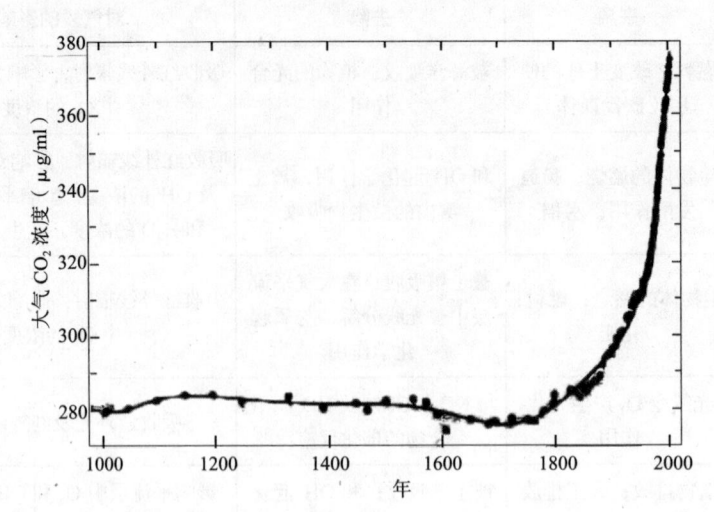

图1-1-1 南极Law Dome冰芯资料显示的近1000年大气二氧化碳浓度[1]

二氧化碳是造成温室效应的最主要因素之一,因此大气中二氧化碳和悬浮粒子的不断增加也是温室效应加剧和气候不断变暖的主要原因。可以说,大气中存在的大量二氧化碳是造成地球热量吸收和释放不平衡的最主要因素。

(二)甲烷(CH_4)

CH_4是最简单的烷烃,1个碳原子和4个氢原子以共价键结合。CH_4的密度比空气小。CH_4分子是正四面体结构,碳原子位于中心,4个氢原子位于正四面体的4个顶角。键与键之间的夹角是109°28'。CH_4是一种气体,存在于沼泽底部和煤矿坑中,又叫沼气或坑气。CH_4是天然气的主要成分,占天然气体积的85%~95%。甲烷本身就是气体燃料,又是重要的化工原料。CH_4是一种无色、无味、无毒的气体,沸点为-162℃,熔点为-184℃。CH_4难溶于水,但能溶于汽油、煤油等有机溶剂。工业革命以来,大气中CH_4浓度也有明显升高。CH_4的化学性质一般不活泼,但在高温催化条件下可以生成由CO和H_2组成的合成气;通过高温裂解可以生成乙炔(C_2H_4)和H_2,通过高温不完全燃烧能得到硬质炭黑;CH_4在光的作用下,可以直接氯化,得到各种氯代烷烃。

CH_4是大气中最多的烃类成分,能与大气中的臭氧、甲醛、氯氟烃、二氧化

---

[1] 孙林海,赵振国. 我国暖冬气候及其成因分析[J]. 气象,2004(12):57-60.

硫、氢氧化合物、氯气、卤烃、水蒸气等多种大气成分发生化学反应。因此大气中 CH_4 的含量能直接影响大气的化学成分组成。大气中 CH_4 的来源主要是羟基（-OH）的氧化反应，在这个过程中会伴随着一系列化学物质的生成，如，CO_2、HCHO、H_2、O_3、H_2O 等，这些物质会进一步与大气中的其他物质产生化学反应，影响大气中化学物质的最终成分构成。大气平流层中 CH_4 的增加，对人类活动产生的 Cl 及 ClO 起着一种消耗作用，这将减少氯氟烃对大气 O_3 的影响。另外，平流层中 CH_4 的氧化是平流层 H_2O 的一个重要来源。

CH_4 的排放分为自然源和人为排放源。全球几乎 1/3 的 CH_4 排放来自自然源，如湿地和湖泊、自然界的生物厌氧腐败分解作用等。其余 2/3 的排放来自人为活动排放源，包括化石燃料的生产和利用、水稻种植、生物质燃烧、垃圾填埋场和生活污水等。

（三）一氧化二氮（N_2O）

N_2O 是自然界产生的大气痕量气体，无色并有甜味，少量的 N_2O 能使人麻醉，减轻疼痛的感觉。一定浓度的 N_2O 被吸入人体后，会使人产生面部肌肉痉挛，看上去像在笑，所以又被称为笑气。N_2O 在大气中的寿命很长，约为 114 年。N_2O 的全球增温潜能是 CO_2 的 298 倍，这使它对温室气体引起的温室效应的贡献率约为 6%[1]。N_2O 在对流层中是惰性气体，但在平流层中是氮氧化物重要的来源，而氮氧化物会破坏平流层的 O_3。利用太阳辐射的光解作用将平流层中 90% 的 N_2O 分解，剩下 10% 的 N_2O 可以和激发态氧原子 [O（^{1}D）] 反应而被消耗掉，即使如此，大气层中的 N_2O 仍以每年 0.5~3Tg（重量单位）的速度净增。

在全球范围内，人为排放源和自然源的排放相当。自然源主要是土壤和海洋。农业是 N_2O 最大的人为排放源，其中土壤的排放占农业源排放的 60%[2]。农业土壤 N_2O 的排放增长是由于合成氮肥或有机氮肥的施加，而农业土壤的氮输入是人口剧增引起的全球粮食生产增加的结果。畜牧业的有机堆肥过程，也是排放 N_2O 进入大气的途径；工业程序的排放则以使用氮元素的化工原料制造过程为主，如

---

[1] 中国科普博览. 一氧化二氮与环境的关系 [EB/OL]. （2016-01-04）[2023-01-05]. http://www.kepu.net.cn/blog/isa/201904/t20190401_478167.html.
[2] 中国科学院. 城市环境研究所在生物炭降低茶园土壤 N2O 排放并改变微生物群落研究中获进展 [EB/OL]. （2020-10-22）[2023-01-05]. https://www.cas.cn/syky/202010/t20201022_4763870.shtml?from=singlemessage.

HNO₃、己二酸（CHO），以及化石燃料燃烧、生物质燃烧等。

（四）氯氟碳化合物（CFCs）

CFCs 中代表性物质是氟利昂（F-11、F-12 等），它们在室温下就可以转化为气体，不具有毒性也不可燃烧，被用于制冷设备和气溶胶喷雾罐。氟利昂是人工制造出来的。人类利用氟利昂来制作冰箱里的制冷剂、工业上的喷雾剂、农田里的杀虫剂和化工行业的泡沫剂及清洗剂。氟利昂气体的大气温室效应能力非常高：增加 1 个 F-11 分子产生的增温效果，相当于增加 1 万多个 CO_2 分子产物。因此，虽然 F-11 绝对排放量比 CO_2 小得多，但其危害不容忽视。氟利昂对臭氧层的破坏在于：氟利昂解离出的氯原子从 O_3 中夺取氧原子，破坏 O_3，使平流层 O_3 有逐渐减少的趋势，从而形成"臭氧空洞"。

（五）臭氧（O_3）

大气中的臭氧层是地球的天然保护层。臭氧层能够吸收来自太阳的绝大多数紫外线，保护地表的动物和植物。但是随着温室气体的大量排放，大气臭氧层已经十分稀薄，甚至产生了空洞。人类想出了一些办法解决这个问题，如，减少含氟制冷剂的使用，从而减少对臭氧层的破坏。但 O_3 并不是越多越好。如果大气中的 O_3，尤其地面附近大气中的 O_3 聚集过多，对人类来说反而是危害。大气 O_3 主要分布在 10～50 千米的中层大气处，在 20～25 千米含量达极大值。对流层大气中的 O_3 含量只占整层大气 O_3 量的不到 1/10，但是温室效应仍很显著。对流层 O_3 是一种重要的温室气体，同时又是重要的氧化剂，是大气光化学反应中的重要物质。对流层内的臭氧浓度过高将会危害人类与其他动植物的健康，也会对动植物的生存环境产生严重危害。臭氧在大气中光解所产生的激发态氧原子能与水分子（H_2O）发生反应，生成氢氧根（$OH-$），这是大气对流层中 $OH-$ 自由基的主要生成渠道，$OH-$ 自由基也是大气化学反应中非常重要的离子。

近年来，对流层中的 O_3 有增加的趋势，其中一个原因是人类活动使 CO_2 增加，在对流层内发生解离，氧原子和氧分子结合形成 O_3，另一个原因是平流层臭氧的破坏，使近地面光化学反应加强，产生一系列强氧化性的物质，其中就有 O_3。O_3 也是一种温室气体，能吸收紫外线及红外线辐射，从而导致更严重的温室效应。近地面 O_3 的增加使温室气体的浓度大大提高，加剧了温室效应。

第二节　低碳经济的内涵与理论基础

一、低碳经济的内涵

（一）低碳经济的概念

"低碳"，英文为"low carbon"，意思是尽量减少温室气体，主要是 CO_2 气体的排放量。"低碳经济"，英文翻译为"Low-Carbon Economy（LCE）"或者"Low Fossil-Fuel Economy（LFFE）"，其主要内容是在尽可能减少煤炭、石油等高碳排放的能源消耗的前提下发展经济，即以低能耗和低污染为原则发展社会经济。

随着全球变暖的问题不断被世界各国所重视，低碳经济发展模式也逐渐受到各国的关注。但是低碳经济作为一种前沿社会经济发展理念，各国学界对其的定义和解释仍没有统一。在这里选取几种比较有代表性的观点进行阐述。第一种是"方法论"，这种观点认为低碳经济是最大限度地减少温室气体排放，尤其要控制二氧化碳的排放量的一种经济发展模式，推行低碳经济能够避免气候灾难的发生，实现人类的可持续发展。第二种是"形态论"，这种观点从发展经济学的角度来阐述，低碳经济是碳排放、经济发展中的生态环境代价、社会经济发展的成本三者保持最低水平的经济发展模式，低碳经济是一类经济形态的总称，包括低碳发展、低碳技术、低碳产业、低碳生活等经济概念。低碳经济发展模式能够改善地球的生态系统，使其恢复平衡，并且重新拥有自我调节能力。第三种是"革命论"，这种观点认为低碳经济是人类农业文明和工业文明发展之后的又一大社会发展转折，是社会发展的巨大进步。低碳经济反映了人类对现行经济发展模式的反思，是一场涉及社会生产模式、人类生活方式、价值理念和国家利益的全球性能源经济革命。[1]

综上所述，我们可以将低碳经济的基本含义定义为通过生产技术和生产制度的革新，从根本上减少人类生产发展对化石能源的依赖，从而减少二氧化碳等温室气体的排放，形成低能耗、低排放、低污染的可持续发展经济模式。低碳经济发展要遵循可持续发展理念，以技术创新、制度变革、产业转型、新能源开发等

---

[1] 曾纪发. 发展低碳经济的战略思考 [J]. 地方财政研究，2010（01）：4-8.

方式减少能源消耗和污染气体的排放，在经济发展的同时保护地球生态环境不被破坏。

低碳经济模式是在全球变暖严重威胁人类生存和发展的前提下被提出的。随着全球人口数量的不断增长以及社会经济的进一步发展，能源消耗所带来的生态问题和环境污染问题已经被越来越多的人意识到。工业生产不只造成了烟雾、光化学污染、酸雨等问题，排放到大气中的大量二氧化碳也造成了世界范围内的气温升高，这已经是毫无争议的事实了。

低碳经济的提出最早可以追溯到1992年，当时150多个国家共同制定了《联合国气候变化框架公约》。国际上首次将二氧化碳等温室气体的排放问题和应对全球气候变暖放进国际公约中。低碳经济理论体系的雏形是美国学者莱斯特·R·布朗（Lester·R·Brown）建立的。1999年，他发表了论文《生态经济革命——拯救地球和经济的五大步骤》，文中指出：面对温室效应及其产生的危害，我们应当尽快转变经济发展模式，从过度依赖化石能源的发展模式逐步过渡到以太阳能、氢能为主要能源的绿色经济发展模式中。2003年，他发表了论文《B模式——拯救地球延续文明》，文中表明地球温度快速上升已经是不争的事实，各国应当将碳排放量减少一半，加快新能源开发和利用的脚步。莱斯特·R·布朗的这些思想最终形成了低碳经济的基本理论。

首次在正式文件中提到低碳经济的概念是在2003年，英国颁布了能源白皮书《我们能源的未来：创建低碳经济》，之后美国参议院于2007年7月提出了《低碳经济法案》，同年12月，联合国气候变化大会在万众瞩目下制定了应对气候变化的"巴厘岛路线图"，2008年7月，G8峰会的八国表示要制定一个到2050年实现全球温室气体排放减少50%的长远目标，并邀请曾签署了《联合国气候变化框架公约》的国家共同努力，实现目标。

我国的第一部《气候变化国家评估报告》于2006年由发改委、科技部、国家环保总局、中国气象局等六部委联合发布；次年6月，我国正式发布了《中国应对气候变化国家方案》。

低碳经济的主要任务是提高能源利用效率、加强清洁能源的开发和利用，寻求绿色经济发展之路，其核心是能源技术和减排技术的创新、社会产业结构的优化调整、社会经济制度的改革以及人类生存和发展观念的转变。低碳经济改革囊括了几乎所有的行业和领域，主要方式包括生产低碳产品、发展低碳生产技术、开发和利用清洁能源。在生产技术改革方面，低碳经济则涉及电力、化工、石化、冶金、建筑、交通等多个行业，此外还包括开发新能源和可再生能源、改进化石能源的使用技术以减少污染和浪费、开发和勘探油气资源和煤层气资源、收集大气中的二氧化碳并进行清洁处理等方面，从多方面、多角度控制温室气体的排放。低碳经济被称为"全球第五次产业浪潮"。低碳经济发展模式将"低碳"的内涵延伸至更多的领域，囊括了低碳社会、低碳经济、低碳生产、低碳消费、低碳生活、低碳城市、低碳社区、低碳家庭、低碳旅游、低碳文化、低碳哲学、低碳艺术、低碳音乐、低碳人生、低碳生存主义等多个领域。因此被很多人认为是人类社会发展至今出现的新文明——生态文明。

（二）低碳经济的基本特征

低碳经济发展模式是现今国际学界研究全球变暖问题解决之策的重要依据和内容。低碳从根本上来讲就是降低温室气体，尤其是二氧化碳和一氧化碳的排放。因此在探索低碳经济模式的过程中，我们要降低生态系统碳循环中的人为碳通量，减少碳排放、减少碳源、增加碳汇，以此来改善生态系统，恢复其自我调节能力，继而维持全球生态圈中的碳平衡，减缓全球变暖进程。从这一角度来讲，低碳经济有三个基本特征，具体如下所示：

1. 低能耗

低碳经济是相对于传统经济发展模式，即以无约束的碳密集能源生产方式和能源消费方式为主的经济发展模式而言的。低碳经济是现今人类社会最为可行的可持续发展模式。要想实现长期的温室气体减排的同时兼顾经济持续发展，就必须寻找替代煤炭的清洁能源，开发新能源技术，寻找低碳发展模式。这是人类平衡社会发展和环境保护的根本途径。发展低碳经济的本质是降低能源消耗中的碳排放量，即碳强度，此外，捕捉、封存、蓄积大气中的碳也是降低能源消费的碳强度的主要途径，通过这两种方式可以很好地控制二氧化碳的排放量。

2. 低排放

低碳经济相对于传统能源而言更重视新能源的开发和利用。我们期许的未来，人类发展所使用的能源应当具备清洁、高效、多元、可持续等特点。由此可见，低碳经济发展应当改变经济结构，使经济增长与能源消费中的碳排放量"脱钩"；使经济增长的同时实现碳排放低增长、零增长甚至负增长。实现低排放的主要方式是寻找替代传统化石能源的新能源，发展低碳能源和无碳能源，从而控制经济发展中碳排放的弹性，最终实现经济增长与碳排放脱钩。

3. 低污染

低碳经济是人类反思过去社会发展中对环境的污染而产生的一种自救式的经济发展转变。传统经济模式下，人为碳通量居高不下，从而导致全球生态圈中的碳失衡，产生了温室效应等一系列环境问题。低碳经济就是要减少人为碳通量，解决发展中的污染问题。在应对温室效应的过程中，全球各国都在致力于能源领域的技术创新。寻找和发展低碳能源是低碳经济发展的基础，清洁生产是低碳经济发展的关键。由此可见，发展低碳经济要改变人们的高碳消费倾向，减少生产和生活中化石能源的消耗，减少碳足迹，实现低碳生活。

低碳经济是一种碳中性经济，本质上是寻求低碳的经济活动形式。低碳要求经济发展中要尽量减少碳排放，从而减少对生态环境中碳循环的破坏，让整个生态圈中的碳重新回归平衡状态。其目的是实现碳中性的经济发展，在经济活动中减少人为碳排放，并通过一系列人为措施加快大气内二氧化碳的吸收，实现碳的平衡。低碳经济所涉及的不是某个地区、某个国家，而是整个地球，因此这里的碳中性是全球范围的碳中性。

（三）几个重要概念的辨析

低碳经济与"生态经济""绿色经济""循环经济""低碳社会"等概念既有联系，又有区别。

1. 低碳经济与生态经济

生态经济的出发点是生态学，关键点在于经济系统如何与生态系统有机结合；低碳经济的出发点是生产消费模式，关键点在于在社会活动中降低碳排放，提高能源使用效率，开发新的清洁能源。

2. 低碳经济与绿色经济

绿色经济的出发点是环境保护、关爱生命以及物质需求和精神需求的同时满足，其关键在于通过合理使用能源，使经济发展的同时也能实现保护环境的目的，达到经济发展与生态环境之间的平衡状态，主要方式是绿色技术革命；低碳经济的出发点是可持续发展，以此为主导寻求能源和资源利用的新思路，降低经济活动对生态环境的影响。

3. 低碳经济与循环经济

循环经济又被称作"垃圾经济"，以资源节约和资源循环利用为特征，强调低投入、高利用、低排放，是物质闭环流动型经济发展模式；低碳经济与之相比更接近绿色经济。循环经济的侧重点是经济发展中的物质循环，强调节约和环保；低碳经济的侧重点在于碳排放减少，强调通过减少碳排放减低生产对环境的污染。

4. 低碳经济与低碳社会

不同的国家有不同的碳排放结构，因而实现低碳社会的方式也有所不同。中国的碳排放 70% 来自企业生产，居民碳排放只占 30%；发达国家不同，国家的碳排放 70% 来自居民消费，企业生产的碳排放只占 30%。[1]因此中国在发展低碳经济的过程中，主要着力点是调整产业结构、改变生产模式；发达国家则主要从减少居民碳排放入手，实现低碳社会发展。

（四）低碳经济的认识误区

低碳经济已经成了世界各国发展讨论的焦点。但是低碳经济是一个新生的概念，经济发展又是每个国家国际地位的重要影响因素，因此各国在对低碳经济的认识和实现低碳经济发展的道路上还存在许多误区。这些误区导致低碳经济无法在世界范围内真正实现。

1. 低碳经济与贫穷经济

有些人认为发展低碳经济限制了能源使用，会降低经济增长速度，使社会经济发展滞后。低碳经济是一种低速发展的经济模式，甚至是一种贫穷发展模式。贫穷落后的国家碳生产率较高，但是人们的消费水平较低，碳排放自然很低；而发达国家居民碳排放很高，他们的生活质量才能得到保证。这种认知自然是错误的。低碳不等于贫穷，低碳经济也不会降低经济增长速度。低碳经济的本质是实现低排放的同时保证高生产效率，其主要思想是在减少碳排放的同时维持高产出。"低碳"要求改变传统的高能耗、高排放、高污染生产模式；"经济"则表现了低碳经济并不是抛弃了社会发展。国家应当在低碳经济发展理念的引领下抢占先机，

---

[1] 曾纪发. 发展低碳经济须澄清几大误区[J]. 中国财政, 2009(20): 66-67.

改革经济发展结构，促进社会经济的健康发展，实现社会和经济的可持续发展。低碳经济是未来世界各国的主要发展方向。英国率先将低碳经济发展作为国家发展战略不仅是为了应对气候变化、保护生态环境，更重要的是通过低碳经济转变发展低碳技术、实现高效生产，并向其他国家输出低碳技术，在此过程中既能创造新的商机、促进社会就业，又能在低碳经济领域中抢占先机。因此我国应当重视低碳经济发展，借鉴其他国家的低碳经济发展经验和方式，在国际竞争中占据有利地位

低碳生产模式能够形成较长的产业链，产出效应十分明显。具体而言，在低碳经济模式中，源头治理，如，开发和利用可再生能源为代表的新能源；过程治理，如，提高生产效率、减少排放和消耗等技术改革；末端治理，如，利用已排放的二氧化碳进行生产、废物回收利用等新行业，这些过程都有十分显著的产出效应。在市场的导向下，这些环节都可以产生新的产业链进而使整个生产领域趋于低碳化。由此可见，开发风能、太阳能等新能源，发展能源高效利用技术、碳捕捉、碳储存和碳循环技术等都能创造出新的经济增长点，提供大量创业就业机会，带动经济增长。

当然，在低碳经济发展的初期，大多数国家的GDP（国内生产总值）增长将会受到影响，少量降低。这样的低碳经济发展成本是可以接受的。并且低碳经济所带来的能源更为安全、居民环境更加优良等有利因素也会给社会发展带来隐形福利，所带来的好处也能抵消经济成本带来的不利因素。因此，低碳经济确实会约束经济发展，但同时也能促进技术的发展和经济制度的改革，创造出更多的新机遇和经济增长点，促进社会的全面发展。

2. 低碳经济与工业化

从低碳经济发展的现有表现来看，人们容易产生这样的疑惑：低碳经济是否会减缓甚至暂停工业化进程。但是从多个角度进行分析就能得出结论，低碳经济发展不仅不会阻碍工业化发展进程，更能推动工业化的完成。我国现今正处于工业化、城镇化和国家化的社会发展重要节点，工业化仍是我国未来几十年发展的主要任务。而低碳经济不仅仅是实现碳排放减少这一个方面，它是一个系统的工程，强调整个生产过程、整个社会的低碳化转变。如今，世界各国都面临着能源危机和气候危害，我国要想继续工业化道路就必须减少对化石能源的依赖，寻找

低消耗、低排放的发展之路。低碳化就是这条道路的指引，我国必须发展低碳能源技术、调整能源结构、形成低碳产业、转变经济结构、寻找清洁可再生能源、改变生产和生活方式，这样才能实现经济的可持续发展。低碳工业化是我国未来发展的必经之路。

工业发展必然会受到资源和环境等条件的限制，这是不可避免的。现阶段，世界各国都面临着资源和环境污染的问题，低碳发展是现今唯一可行的道路。因此我国也必须在工业化进程的重要节点迎接低碳经济发展的挑战，寻找新的工业化道路。未来低碳经济必然在世界范围内受到关注，世界各国也必然会选择低碳经济发展之路，这时，低碳技术、低碳产业就将在国际上开辟出一片新市场。因此我国更要抓住这个机会，积极发展低碳经济，承担减排责任的同时发展国际市场。

3. 低碳经济与消费水平

部分人认为低碳经济必然会降低消费水平。从节能、环保等角度而言确实如此，人们需要放弃享受一些高消耗、高污染的商品，如大排量的汽车等。这种生活习惯的改变确实会导致生活水平的降低，但是对于节能环保而言却是好事。发展低碳经济意味着社会要淘汰一些高能耗、高污染的生产方式和生产线，意味着推进节能减排技术的创新和人们生活与消费方式的转变。

在生活当中，人们需要改变浪费和污染的习惯。首先，公众要改变便利消费习惯，减少能源消耗和污染。在现代社会，便利一直是人们生活和商家营业的主要追求，因此也产生了许多方便的消费附加服务。这些附加服务会产生大量的能源消耗和污染。其次，公众要形成节能环保意识，减少对一次性用品的使用。公众应当对一些环保措施有更深的理解和认知。例如，"限塑令"的意义不仅是减少白色污染，也能减少塑料生产中的能源消耗，减少污染排放，这就是"关联型"节能环保意识。通过这种思想人们能够认识到减少一次性用品使用所带来的种种好处，改变生活习惯。最后公众要减少"面子消费"和"奢侈消费"，这些商品大多会产生大量能源消耗和污染，即使去除也不会影响人们的生活质量。公众往往会将现代化生活和电气化、自动化的便利生活画上等号，因此在日常生活中越来越依赖高能耗的高科技系统。这样的生活方式会产生大量的能源消耗和污染。低碳生活方式虽然会减少一些便利，但是并不会严重影响人们的生活质量，也不会给人们带来不便。

由此可见，低碳生活与高质量生活之间并没有矛盾，并且低碳生活习惯还能改善人们的生活环境，提高幸福指数。其关键在于将低碳生活和高质量生活有机结合，寻找一种既能维持生活质量，又能实现低碳生活的公众消费模式，从而减少高能耗、高污染产品的消费。低碳经济并不意味着生活和经济的倒退，也不意味着放弃现代生活的便利性，而是通过发展低碳技术、寻找新能源等一系列方式来维持现代生活，实现节能减排。例如，城市中废水的再利用，发展太阳能利用技术，制造新能源汽车，使用可再生能源热泵技术利用污水、浅层水、土壤源等能源进行供暖。

4. 低碳经济与经济成本

部分人认为，低碳经济会加大生产投入，形成低效经济发展模式。这种观点是错误的。低碳经济模式下的生产成本并不一定很高，减少温室气体的排放甚至能在一定程度上减少成本投入。但是低碳经济的发展必须借助节能减排技术的创新和应用。目前，节能减排技术仍存在许多的问题，技术不够成熟，成本也很难下降，节能减排技术和传统生产技术之间的差距仍然存在。例如，光伏发电的成本是传统发电成本的 8~10 倍，太阳能发电成本是传统发电技术的 2 倍多，核能源发电对选址的要求很严格，水力发电受到自然条件和生态环境保护条件的限制。这些问题都制约了新能源技术的开发和利用。此外，我国也需要建立市场机制，促进节能减排技术的发展，推进低碳经济的发展。从新闻报道上可以看到我国为发展低碳经济作出了巨大投入，在近 20 年里投入了 40 万亿，这个数据确实十分惊人。但是从年度投入来看，每年所投入的资金仅占同期 GDP 的 1.5%~2.5%。从全社会固定资产投资来看，中国总投资由 2000 年的 3.29 万亿增加到 2008 年的 17.23 万亿，年均增长 23%。以年均增长 20% 计算，到 2015 年全社会固定资产投资可以达到 61.7 万亿，若每年投入 2 万亿，相当于总投资的 3.2%；再以年均增长 16% 计算，到 2020 年总投资可以达到 129.6 万亿，若每年投入 2 万亿，只相当于总投资的 1.5%。从这份分析数据中可以得知，我国在推进低碳经济发展上的投入仍然是不足的。新能源技术的成本高昂，但是随着技术的不断改进，太阳能发电的成本也在不断下降。[1] 低碳技术的应用十分广泛，涉及电力、冶金、石化、

---

[1] 曾纪发. 发展低碳经济须澄清几大误区 [J]. 中国财政，2009（20）：66-67.

化工、建筑、交通等多个领域，发展和应用低碳技术能够实现节能和高效生产的目的，进而降低生产成本。

二、低碳经济的相关理论

（一）生态经济理论

生态经济学（Ecological Economics）也被称作环境经济学，在发展早期也曾被称作污染经济学或者公害经济学。生态经济学是生态学和经济学交叉融合所形成的新学科，立足于自然和社会两个角度对人类所生存的客观世界进行了观察和研究。生态经济学的定义如下：生态经济学是研究生态系统和经济系统的复合系统的结构、功能及其运动规律的学科，即生态经济系统的结构及其矛盾运动发展规律的学科，是生态学和经济学相结合而形成的一门边缘学科。

生态经济学成为一门独立学科是在20世纪60年代。在经历第二次世界大战之后，人类社会的科技不断发展，劳动生产效率也在不断提高，从而使世界范围的经济增长不断加快，这也彰显了人类对自然环境的干预和改造能力在不断增强。但随之而来的是生态环境的大面积破坏，自然生态系统逐渐退化，环境破坏造成的严重后果超出了人类的想象。随着时间的推移，环境破坏问题未曾受到足够重视，而发展造成的环境问题在不断加重，由此引发的环境污染和资源匮乏的问题逐渐蔓延到了全世界。人口的骤增、粮食短缺、环境污染和资源过度开采问题成了威胁人类生存和发展的重大问题，不解决这些问题，人类的发展将无从继续。学者们在对这些问题的成因和解决办法的探索过程中发现，如果只从生态学或者经济学这种单一角度进行思考就无法对这些问题作出全面的阐述和分析，必须将二者结合才能找到适合的解决办法。由此，学者们创造出了生态经济学。莱切尔·卡逊的《寂静的春天》首次将生态问题和经济问题结合起来进行研究。经过几年的发展，美国经济学家肯尼斯·鲍尔丁发表著作《一门科学——生态经济学》首次正式提出了"生态经济学"的概念和"太空船经济理论"。美国经济学家列昂捷夫首次针对环境保护和经济发展之间的关系进行定量分析，在研究过程中他使用了投入—产出分析法，将工业污染处理列作一个单独的生产部门，将污染处理费用与原材料和劳动力共同列为生产成本，进而分析了污染对工业生产的影响。1980年，联合国环境署召开了会议，会议主题为"人口、资源、环境和发展"。在会议上，与会者肯定了四者之间的联系，确定了四者之间互相制约、互相促进的关系。同时联合国环境署还提出，各国在制定新的发展战略时应当重视人口、资源、环境和发展之间的联系。在对人类生存环境的变化进行深度分析之后，联合国环境署将环境经济，也就是生态经济立为次年《环境状况报告》的首项主题。这也标志着生态经济学受到各国和世界范围内人们的关注。生态经济学是一门既具理论性又有实应用性的新兴学科。

一般来讲，生态经济学研究的主要内容包括以下内容：

1. 生态经济基本理论

生态经济学的基本理论围绕社会经济发展与自然环境、生态环境之间的关系，人类生存发展的条件与生态需求，生态价值分析理论，生态经济的各方面效益，生态与经济之间的协同发展等方面进行分析阐述。

2. 生态经济区划、规划与优化模型

用生态与经济协同发展的观点指导社会经济建设，要进行生态经济区划和规划，以便根据不同地区的自然经济特点发挥其生态经济总体功能，获取生态经济的最佳效益。城市是复杂的人工生态经济系统，人口集中，生产系统与消费系统强大，但还原系统薄弱，从而生态环境容易恶化。农村直接从事生物性生产，发展生态农业有利于农业稳定、保持生态平衡、改善农村生态环境。根据不同地区城市和农村的不同特点，研究其最佳生态经济模式和模型是一个重要的课题。

（二）可持续发展理论

低碳经济理论源于可持续发展理论。可持续发展（Sustainable Development）的概念诞生于生态学，是一种管理资源的战略思想，之后被学者应用在经济学和社会学的范畴当中，从而形成了一个涉及社会、经济、技术、文化、自然环境的综合动态概念。20世纪中期，人们面临着经济增长、资源枯竭、人口不断增长、城市化的压力，不得不反思过去的经济增长和社会发展模式，并不断进行研究讨论。1962年，美国生态学家莱切尔·卡逊（Rachel Carson）发表了自己的作品《寂静的春天》，在书中他描述了农药污染所带来的可怕景象，表达了自己对环境污染的担忧，这部作品在世界范围内引起了轰动，人们开始探讨人类发展的相关问题。1972年，美国学者巴巴拉·沃德（Barbara Ward）和雷内·杜博斯（Rene

Dubos）发表了《只有一个地球》，这部作品也引起了大范围的反思和讨论，将人类与环境之间关系讨论推向全世界。同年，联合国人类环境研讨会在瑞典的首都斯德哥尔摩举行，会上正式讨论了"可持续发展"这一问题。不久之后，罗马俱乐部这个虽非正式但却十分著名的学术团体发表了一篇十分有名的报告《增长的极限》。在这篇报告中明确地提出了"持续增长"和"合理的持久的均衡的发展"的概念。可持续发展这一词汇首次出现在国际正式文件里，是在1980年国际自然保护同盟制定的《世界自然资源保护大纲》中。这里写道："必须研究自然的、社会的、生态的、经济的以及利用自然资源过程中的基本关系，以确保全球的可持续发展。"①

1981年，美国学者莱斯特·布朗的著作《建设一个可持续发展的社会》问世，里面提出了通过控制人口增长、保护资源、开发再生能源等方式来实现可持续发展。1987年，联合国世界与环境发展委员会发布了研究报告《我们共同的未来》，在这里对可持续发展作出了明确定义。1992年，联合国环境与发展大会上，可持续发展纲领也得到了全体与会者的赞同。1987年，联合国世界与环境发展委员会将可持续发展定义为：既能满足当代人的发展需要，又不会透支后代人发展所需的能源、对其造成危害的发展方式。

也就是说，可持续发展既要保证经济发展，又要保护环境和各种自然资源，让子孙后代能够持续发展。可持续发展的核心依然是发展，其条件是在控制人口增长、提高人口素质、保护自然生态环境和资源再生的基础上实现发展。可持续发展的前提是发展，主体是人类，只有实现可持续发展才能保证人类的真正发展。可持续发展的理论界定了可持续发展的内涵，其认为可持续发展的定义包含两个关键部分，一是"需要"，二是对"需要"的限制。"需要"是指人类生存的需要，要满足不同人尤其是贫困者的生存需要。对"需要"的限制就是在生产中要限制对环境的危害，如果对环境的危害突破了某个临界点，就会对自然环境和地球生命构成不可逆转的危害。

可持续发展是经济、生态、社会三方面可持续发展的统一，要求人类在社会生产和生活中讲求经济发展效率、维护生态平衡、寻求社会公平，最终达到人类文明的全面发展。在可持续发展理念下，环境保护和经济发展不再处于对立状态，

---

① 逯海勇. 鲁中山区传统民居建筑保护与发展 [M]. 北京：知识产权出版社，2020.

而是共同构成了社会发展的整体。具体分析如下：

（1）从经济可持续发展的角度分析，可持续发展并不会因为环境问题而停止经济发展，经济发展是国家实力发展的基础，也是社会富裕繁荣的基础。可持续发展重视经济增长发展的质量，摒弃了传统的粗放式经济增长模式，要求社会改变传统高投入、高消耗、高污染的经济发展模式，重视清洁生产的发展和消费理念的转变，提高经济活动的效益、节约自然资源、减少污染排放。从生产的角度来看，集约式经济增长就是可持续发展在经济发展方面的体现。

（2）从生态环境可持续发展的角度进行分析，可持续发展要求经济增长与自然生态系统的承载能力相适应。经济发展不能以破坏环境为代价，在经济增长过程中既要保证资源的高效利用，以可持续的方式使用自然资源和环境资源，又要保证地球生态环境不被破坏。因此在可持续发展理念下，发展是有条件限制的，缺少对发展的限制就无法实现发展的持续性。生态环境可持续发展强调环境保护，但并不是以往的不考虑社会经济实际发展的环境保护。可持续发展要求人类进行生产模式的彻底改革，从根源上解决人类活动产生的污染问题。

（3）从社会可持续发展的角度分析，可持续发展强调社会公平，社会公平是环境保护的前提，也是环境保护的目标。世界各国现今正处于不同的发展阶段，其发展目标和发展方式也有所不同。但是无论如何，社会发展的本质是让人类的生活更加美好，提高人类生活的舒适度，保证人类的健康和生存，让人们生活在一个平等、自由、教育发达、人权得以保障、暴力得以减少甚至消失的和谐社会里。因此在可持续发展理念中，经济可持续发展是基础，生态可持续发展是条件，二者共同达成最终社会持续发展的目的。进入21世纪，人类的发展思想也达到了新高度，人类应当共同追求可持续发展，以人为核心，建立"自然—经济—社会"共同持续发展的复合型系统。

1. 生态经济管理

生态经济学的研究内容除了经济发展与环境保护之间的关系外，还有环境污染、生态退化、资源浪费的产生原因和控制方法；环境治理的经济评价；经济活动的环境效应等。生态经济学的研究结果应当成为解决环境资源问题、制定正确的发展战略和经济政策的科学依据。生态经济管理应包括对生态系统的管理，经济计划应是生态经济社会发展计划。具体而言包括以下几个方面：国家生态经济标准的制订；国家生态经济效益评价指标体系制定；对重大经济建设项目进行生态环境经济评价；改革现有管理体制中不利于生态和经济协同发展的部分；加强生态经济法律制度建设工作和执行力度；建立生态经济方面的教育、科研和行政管理体系。

2. 生态经济史

生态经济史的研究重心是人类的经济活动，研究对象生态系统和经济系统之间的相互作用所形成的整体系统，以及系统运行中的问题和矛盾，并通过研究揭示生态经济发展和运行的规律，寻求经济发展和自然生态发展之间协调平衡的途径。生态经济问题一方面有历史普遍性，另一方面随着社会生产力的发展，又有历史阶段性。进行生态经济史研究，可以探明其发展的规律性，指导现实生态经济建设。

（三）清洁生产理论

清洁生产概念源自20世纪60年代美国化学行业污染预防审计。清洁生产（Cleaner Production）概念的出现在1976年左右，当时欧洲共同体举行了名为"无废物工艺和无废物生产国际研讨会"的会议，这场会议在巴黎举行，会上提出了要"消除造成污染的根源"。到了1979年4月，欧共体理事会推出了清洁生产政策；1989年5月，联合国环境署的工业与环境规划活动中心经过理事会会议决议，制定了《清洁生产计划》并在全球范围内进行推广。

在不同国家、不同的经济发展阶段里，清洁生产有不同的名称，例如，"污染预防""废物减量化""无废物工艺"等。但是无论怎么变换叫法，其内涵是不变的，清洁生产要求生产的过程和产品本身都要采取一定措施来减少污染物的产生。

美国最初在进行清洁生产时将其叫作"废物最小量化"，之后又采用了"污染预防"的说法。美国对污染预防进行了定义，认为污染预防可以最大限度地减少生产过程中所产生的废物量。其主要方式是源削减、提高能源效率、多次循环使用原料、降低对水的消耗等手段合理使用能源。其中源削减是指在资源重复利用、处理和处置之前减少有害物质、污染物或者污染成分的排放量，进而减轻生产污染对公共环境和人类健康的损害。常见的源削减方法是更新产品和改进生产工艺，具体包括设备和技术的更新换代、工艺的更新、生产流程的优化、产品充足和设计更新，选取新的原材料，改进生产管理、维护、培训、仓储制度以使其更加科学等。但是废物在厂外的再生利用、处理、各种减少废物体积和有害性的工作或者将废物中毒性成分转移到另一种介质中的工作都不属于污染预防的范围。

我国在《中国 21 世纪议程》中对清洁生产进行了定义：清洁生产是一种既能满足人们生存发展需要，又能让自然资源和能源的使用更加合理，同时保护环境不被生产活动破坏的生产模式和具体措施。清洁生产的实质是对人类生产活动进行科学规划和管理，降低生产中的能耗和原材料消耗，同时达到降低废物的产生量，使生产废物重新被利用和去除废物中毒性的目的，甚至达到零废物产生的程度。清洁生产的最终目的是在产品生产和消费过程中既不对人体产生损害，也不对环境产生损害。随着可持续发展理念的不断深化，清洁生产将成为今后经济生产的主要改革方向。

联合国环境规划署与环境规划中心综合了各种观点，使用了"清洁生产"这一术语并对其进行了定义：清洁生产是一种创新性的生产思想，将整体预防作为经济发展中的环境保护战略并将其持续应用在生产和产品服务中，提高生态经济效率，减少生产所带来的环境和人类发展危机。

综上所述，我们能够得出结论，清洁生产通过使用清洁能源、清洁原材料、清洁的生产工艺和技术，制造出清洁的产品。清洁生产不仅体现在生产的全过程中，也体现在产品的整个生命周期中。在生产过程中，清洁生产包括原材料控制、能源节约、减少有毒原材料的选用，在生产过程中也要降低废物的产生和原材料的毒性。在产品的生命周期中，清洁生产在产品制造、使用和最终处置的整个过程中尽可能减少对环境的污染和损害。在产品服务中，清洁生产要求在产品设计和产品服务思考过程中加入对环境影响因素的考量。由此可见，清洁生产观念的本质是人类思想的转变，反映了人类对环境保护的观念和战略由被动转向主动。从这一角度而言，清洁生产指的是在产品的生产、消费和使用过程中既能合理利用资源，又能降低对人类和环境的危害，同时也充分满足了人类的生产生活需要，进而实现社会经济效益最大化的一种生产方式。

清洁生产观念有三个重点。一是清洁能源，包括了节能技术的改革创新、再生能源的开发和利用、能源使用效率最大化等内容。二是清洁生产过程，包括了减少有毒原材料的使用和有毒中间品的产生、对废弃原材料和中间产物的回收再利用、改革生产管理过程、提高生产效率等内容。三是清洁产品，包括了产品的设计、制造过程、使用过程和回收过程。

清洁生产是可持续发展经济模式的重要实现方式。从可持续发展的理论中我们能够总结出清洁生产的重要目标：一是通过资源的综合利用，寻求匮乏资源的代替，二次能源的重新利用，以及通过节能、降耗、节水等措施合理使用自然资源，减少对能源的消耗，使自然资源和能源的利用达到最优；二是减少生产全过程的废物产生和污染排放，使工业生产过程减少对环境的危害，同时实现经济效益最大化。

清洁生产的具体措施有很多，包括清洁能源和原料的选用、改进生产工艺和技术、更新生产设备、改革生产过程管理措施和制度、综合利用能源和材料、从源头控制污染、提高能源和资源利用效率、减少废物产生和污染排放、产品设计更新等。但是生产末端污染治理技术不属于清洁生产的范畴。

（四）绿色经济理论

有一种新的经济形式是将市场作为导向，将传统产业经济作为基础，将经济与环境的和谐作为目的而发展起来的，这种经济形式被叫作绿色经济（Green Economy）。1989年，英国经济学家皮尔斯出版了一本《绿色经济蓝皮书》，这也是"绿色经济"概念首次被提出。传统经济学有三种生产基本要素：劳动、土地及人造资本。1990年，雅可布（Jacobs）和帕斯特（Postel）等人倡议，除此之外，必须再加入一项社会组织资本（SOC）。同时又对之前三项成本的定义稍作修改更正：人类资本，强调"人力"的健康、智识、技艺及动机；将土地成本扩充为生态资本或自然资本；人造资本保持不变，或称制造资本。社会组织资本（SOC）指的是从地方小区到商业团体、工会乃至国家的法律、政治组织，到国际的环保条约（海洋法、蒙特娄公约）等。这些社会组织在他们眼里不只是单纯的个人总和。不同种类的组织会衍生出不同的习惯、规范、情操、传统、程序、记忆与文化，并培养出不同的效率、活力、动机及创造力，最终目的都是投身于创造人类福祉。

英国绿色经济研究所是目前国际上唯一以"绿色经济学"为主题的研究机构，出版《绿色经济学杂志》，每年召开学术研讨会。根据GRI（Global Reporting Initiative，全球报告倡议组织）的定义，绿色经济学是一种支持人类与自然和谐互动，并尝试同时满足双方需要的经济学方法。绿色经济理论包括一系列处理人与环境的内在相互关系的思想。绿色经济学家断言，所有经济决定的基础均应与生态系统有某种方式的联系，绿色经济是绿色运动对正统主流经济学的挑战，已逐渐被世界公认为是气候变化问题、信贷紧缩、贫困和生物多样性损失的最佳替代解决办法。

绿色经济与传统产业经济有不同的特征，将这两类经济区分开来：传统产业经济是一种损耗式经济，不但消耗大量的能源与资源、破坏生态平衡，还会损害人体健康；而绿色经济是一种平衡式经济，能够对资源与能源作出合理保护、维护人类赖以生存的环境，还有益于人体健康。因此，绿色经济是一种可持续发展经济，遵循的五项准则为"开发需求、降低成本、加大动力、协调一致、宏观调控"。"绿色经济"既是一个具体的微观单位经济，又是一个国家的国民经济，还是全球范围的经济。

（五）循环经济理论

"循环经济"（Cyclic Economy）是物质闭环流动型经济，它的目标是资源的高效利用和循环利用，原则是"减量化、再利用、资源化"，特征是物质闭路循环和能量梯次使用，这种经济模式的运行是按照自然生态系统的物质循环和能量的流动方式来进行的。通过资源的高效和循环利用，循环经济可以实现污染的低排放甚至零排放，能够保护环境，最终实现社会、经济、环境的可持续发展。传统经济是"资源—产品—废弃物"的单向直线过程，在这种过程下，传统经济创造的财富越多，所消耗的资源和产生的废弃物也就越多，因此对环境资源的负面影响也就越大。循环经济可以通过消耗尽可能少的资源和较低的环境成本，获得尽可能大的经济效益和社会效益，经济系统与自然生态系统的物质循环过程会更加和谐，资源也能永续利用。因此，在可持续发展的思想指导下，循环经济对传统经济模式的"大量生产、大量消费、大量废弃"进行了根本变革。循环经济通过一种清洁生产的方式，对能源及其废弃物实行综合利用；通过重构经济系统，使其和谐地纳入到自然生态系统的物质循环的过程中，这种新形态的经济是一个"资源—产品—再生资源"的反馈式流程，用来组成经济活动。

20世纪60年代，环境保护兴起。由此诞生了"循环经济"的思想萌芽。1962年，美国生态学家莱切尔·卡逊发表了《寂静的春天》一书，书中指出了生物界及人类所面临的危险。美国经济学家 K·波尔丁首次提出"循环经济"一词，主要指在人、自然资源和科学技术的大系统内，在资源投入、企业生产、产品消费及其废弃的全过程中，把传统的依赖资源消耗的线性增长经济，转变为依靠生态型资源循环来发展的经济。循环经济的早期代表是"宇宙飞船经济理论"。我们可以这样理解：地球的生存方式是不断消耗自身有限的资源，就像在太空中飞行的宇宙飞船，如果不合理的开发资源造成环境的破坏，那么宇宙飞船就会走向毁灭。因此，宇宙飞船经济要求一种新的发展观：首先，用"储备型"经济代替过去的"增长型"经济；其次，用休养生息的经济代替传统的"消耗型经济"；然后，用福利量的经济代替只看重生产量的经济；最后，用"循环式"经济代替"单程式"经济，这样既不会使资源枯竭，又不会造成生态的破坏和环境的污染，不仅保护了生态环境，还能使各种物资得以循环使用。

循环经济与生态经济有相同的本质，那就是使经济活动生态化并坚持可持续发展。物质循环的实质是通过社会生产，人类与自然界进行物质交换，是一种自然过程与经济过程相互作用的生态经济发展过程。准确地说，生态经济原理正是循环经济要求的体现，而这也是构建循环经济的理论基础。生态经济侧重于经济与生态的协调，注重将经济系统与生态系统进行有机结合，强调转变宏观经济发展模式；而循环经济侧重于整个社会物质循环应用，注重节约整个生产、流通、消费的过程中的资源，强调的是循环和生态效率，能多次重复利用资源。循环经济的基本特征是：从废弃物产生角度看，要大力开展资源综合利用；从资源开采角度看，要大力提高资源综合开发和回收利用率；从资源消耗角度看，要大力提高资源利用效率；从社会消费角度看，要大力提倡绿色消费；从再生资源产生角度看，要大力回收和循环利用各种废旧资源。

循环经济是一种新颖的经济发展模式，作为一种科学的发展观，主要体现在以下几个方面：

1. 新的系统观

新的系统观要求人们在考虑生产和消费时将自己作为由人、自然资源和科学技术等要素构成的大系统的一部分，而不是置身于大系统之外，经济原则能以符合客观规律为基础，抓住能维持大系统可持续发展的生态系统建设的基础性工作，包括"退田还湖""退耕还林""退牧还草"等。

2. 新的价值观

传统工业经济将自然作为"取料场"和"垃圾场",仅仅把它当作可利用的资源,而循环经济观将自然作为人类赖以生存的基础,认识到自然是需要维持良性循环的生态系统。循环经济对于科学技术方面的研究既包括这种技术对自然的开发能力,又充分考虑到它对生态系统的修复能力,使该技术对环境有益。循环经济对于人自身的发展更重视人与自然和谐相处的能力,在加强人对自然的征服能力的同时促进人的全面发展。

3. 新的生产观

传统工业经济的生产观念是能够将自然资源最大限度地开发和利用,以及最大限度地创造社会财富和获取利润。与传统工业经济不同的是,循环经济的生产观念是要在自然生态系统的承载能力以内,尽量地节约自然资源,与此同时还要不断提高自然资源的利用效率,能够循环使用自然资源,创造良性的社会财富。循环经济观在生产过程中要遵循的原则为"3R"原则:资源利用的减量化(Reduce)原则、产品的再使用(Reuse)原则、废弃物的再循环(Recycle)原则,即在生产的投入端尽量减少自然资源的输入;尽量延长能在多种场合使用的产品的使用周期;最大限度地减少排放废弃物,做到排放的无害化,实现资源再循环。为了在自然生态循环的依托下使生产能够更合理,还要求尽量地利用可循环再生资源,如太阳能、风能和农家肥等替代不可再生资源;为了全面提高人民生活质量,让人类能在更良好的环境中生产和生活,还尽可能地利用高科技,以知识投入来替代物质投入,达到生态、社会与经济的和谐统一。

4. 新的消费观

传统工业经济的特点是"拼命生产、拼命消费",而循环经济观提倡对物质的适度消费、层次消费,在消费时建立循环生产和消费的观念,将废弃物资源化。同时,在循环经济观的要求下,以不可再生资源为原料的一次性产品,如宾馆的一次性用品、餐馆的一次性餐具和豪华包装等的生产与消费,可以通过税收和行政等手段限制。

(六)"脱钩"发展理论

"脱钩发展"(Delink Development)是形象的说法,简单地说就是阐述依赖关系不是长久如此的，经过时间的演变，原来具有依赖关系的某两者之间不再存在依赖关系。"脱钩"理论最开始是用来描述新兴市场发展问题的。新兴市场在经历初期的发展之后，区内的政治体制、经济基础以及企业质量都有了较大改善，加上在天然资源和人口因素等方面的优势，新兴经济的增长已经不再需要依赖欧美成熟市场，亦有能力与欧美的经济走势实现"脱钩"。

1966年，国外学者提出了关于经济发展与资源环境压力的"脱钩"问题，首次将"脱钩"概念引入社会经济领域，探讨经济发展与资源环境的关系，即经济发展起先对资源环境存在明显的依赖关系，对资源环境的破坏也就如影随形，后来实行保护环境的循环经济模式，经过一段时间以后，经济发展就不再危害环境了，它们之间就实现了"脱钩"。近年来，"脱钩"理论的研究已经有了进一步的拓展，在能源与环境、循环经济和农业政策等领域有了阶段性成果。

在分析经济发展与资源消耗之间的对应关系时用的就是"脱钩"理论。有大量研究表明，经济增长与物质消耗之间是有一定关系的。在某国或某地区工业发展初期，物质消耗总量在某个特定阶段会随着经济总量的增长而同比增长，甚至更高。但经过这个阶段后，经济增长时物质消耗略低，甚至出现倒U型的下降趋势，这就是"脱钩"理论。从该理论看，为了使资源生产率和环境生产率有大幅度地提高，应当发展低碳经济，用较少的水、地、能、材消耗和较少的污染排放实现较好的经济社会发展。在经济增长与能源消耗、二氧化碳排放的关系中，宏观层面下的"低碳经济"是指经济增长与化石能源消耗脱钩的经济。想要发展低碳经济就要通过能源替代，使由化石能源消费引发的碳排放与经济增长"脱钩"。将可持续发展作为框架，将提高能效作为核心，不断降低能源消费和碳排放的强度，降低 CO_2 排放的增长率，使得碳排放与经济增长逐步脱钩，实现低碳经济。

美国学者布朗（Lester R.Brown）在2003年的《B模式：拯救地球，延续文明》一书中，提出与高资源消耗、高环境污染的强物质化模式，即"A模式"相对应的"B模式"：要求经济与环境绝对脱钩的减物质化模式。布朗倡导的未来发展模式要求经济增长的同时实现大规模减物质化，目标是在经济持续正增长的同时，环境压力出现零增长甚至负增长，经济发展与环境压力之间开始"脱钩"。长远来说，这种目标对发达国家和发展中国家都是必需的，是绿色现代化或生态现代化的真正内涵。

就当前来说,"脱钩发展"的 B 模式最可能是发达国家争取的目标。因为,基本需求得到满足的成熟经济是有可能通过生态效率的提高来实现经济与环境脱钩的。例如,欧洲国家制定了经济社会发展与资源环境消耗相脱钩的发展战略,提出了相应的概念和指标,如"资源生产率"等,为了经济社会发展能更好,可以通过资源生产率和环境生产率的大幅度提高,消耗较少的水、地、能、材和排放较少的污染。欧洲国家还提出了在 21 世纪上半叶实现生态经济效率为"倍数 4"甚至"倍数 10"的发展目标。"倍数 4"就是经济增长比现在增加一倍,而物质消耗和污染产生比现在减少一半。

(七) 生态足迹理论

"生态足迹"(Ecological Footprint)也称生态占用,是一种可操作的定量方法。该方法指自然生态系统可以给人们提供各种商品和服务功能,有特定数量的人群按照某一种生活方式消费这些商品或服务,并在这一过程中产生一些需要被环境(生态系统)吸纳的废弃物,它们可以通过生物生产性土地(或水域)面积来表示。通过这种方法可以计量人类对生态系统需求的指标。人类拥有及耗用的自然资源和资源的分布情况都属于"生态足迹"的计量内容。从个人到国家所需要的资源和衍生的废物需要多少土地和水域来生产和吸纳都可以用它表示。它提供了简单可行的方法测试每个人"消耗了多少地球资源"。

国际上关于生态足迹的研究源于 20 世纪 70 年代诸多生态经济学研究者们的研究成果。1992 年,加拿大生态经济学家威廉姆·李斯(William Rees)等在前人研究的基础上,提出"生态足迹"的概念,后来又一批生态经济学家相继对"生态足迹"理论予以发展和完善。

生态足迹模型用来评估人类对生态系统的影响,测定区域可持续发展状况。生态足迹模型是将一定区域内测定维持人类生存发展的自然资源消费量,以及吸纳废弃物所需的生物生产性土地面积,与一定人口的区域生态承载力进行比较,即吸收一个国家能源消耗产生废物所需要的土地面积除以该国总人口的数值。数值越大代表能源消耗越大。生态足迹可以形象地理解成一只巨脚踏在地球上留下脚印的大小,巨脚负载的正是人类及人类产生的能耗。

生态足迹的计算是基于两个简单的事实:首先,保留大部分消费的资源以及产生的废弃物；其次，这些资源以及废弃物大部分都可以转换成拥有这些功能的生物生产性土地。生态足迹的计算方式明确地指出某个国家或地区使用了多少自然资源，然而，这些足迹并不是一片连续的土地，由于国际贸易的关系，人们使用的土地和水域面积分散在全球各个角落，这些需要很多研究来决定其确定的位置。

在生态足迹计算中，海洋（水域）、林地、耕地、建筑用地、草场、化石能源土地的生物生产面积类型都可以通过各种能源及资源消费项目折算而来。由于人类过度开发森林资源，在全世界范围内，除了一些不能接近的热带丛林外，现有林地的生产能力大多较低。最有生产能力的土地类型是能将大部分生物量提供给人类利用的耕地。此外，草场的生产能力比耕地要低很多。人类应该留出用于吸收 CO_2 的土地被叫作化石能源土地，但事实上，人类目前并未留出该土地类型。在生态足迹的计算中，根据生态经济研究，考虑到了需要吸收 CO_2 的化石能源土地面积。由于最肥沃的土壤上有人类的定居，因此增加了建筑用地的面积，使得生物生产量有一定的损失。

为了明确区域生态状况，我们一般会通过计算生态足迹来比较生态承载力。在计算单位面积内的生态承载力时，不同国家和地区同类生物生产面积类型的实际面积是不能进行直接对比的，因为它们有不同的资源禀赋，不仅会造成耕地、草地间的生态生产能力有很大的差异，而且单位面积内同类生物生产面积类型的生态生产力也有很大的差异。因此，对不同类型的面积进行标准化是必要的。"产量因子"表示不同国家或地区的某类生物生产面积类型所代表的局地产量与世界平均产量的差异。某一国家或地区某类土地的平均生产力与世界同类土地的平均生产力的比率就是该土地的产量因子。

人类对大自然的需求一般用生态足迹账户来衡量。在一个国家中，土地可以生产人们需要消耗的食物、纤维和木材，也可以吸纳该国家制造的废物，同时给人们提供进行基本设施建设的空间。这些所需土地加起来的土地总面积就是该国家的生态足迹。一个国家需要消耗来自世界各地的资源和生态服务，落在地球任何地方的面积总和就是足迹。

自然生态系统的承载力又叫作生态足迹供给，将生态足迹需求与其进行比较，来度量满足一定人口需求的具有生物生产力的土地和水域面积，即可以定量地判断某一国家或地区目前可持续发展的状态,通过与生物承载力——某国家或地区可用的具有生物生产力的土地和水域相比较,可以判断一个国家,地区或者全世界是否按生态方式生活。政府,行业和个人已经在利用足迹账户,他们想通过生态足迹账户更好地了解他们对生物资本的依赖程度,以及如何在资源日益约束的情况下进行战略规划,以便对未来人类生存和社会经济发展作出科学规划和建议。

(八)"过山车"发展理论

"过山车"发展(roller coaster Development)也是形象的说法,即著名的环境库兹涅茨曲线(EKC)。克鲁格(Krueger)和格罗斯曼(Grossman)在1991年研究了66个国家和地区空气污染物(1979—1990年)和水污染物(1977—1988年)的变动情况,并提出了环境库兹涅茨曲线假说。他们发现在这14种污染物中的大多数污染物的变动趋势与人均国民收入的变动趋势间呈倒U型关系。这一理论描绘了低碳经济发展的形态特征,同时也表明目前已经处于低碳经济发展时期。

第三节 循环经济的内涵与理论基础

一、循环经济的内涵

(一)循环经济的概念

1996年,德国颁布了《循环经济与废物管理法》,首次正式出现了"循环经济"一词。日本在2000年颁布的《循环型社会形成推进基本法》和若干专门法中采用了"循环型社会"的概念。国际上的废旧资源利用和工业两大领域内有与该概念相关的说法,如,废物减量化和最小化、清洁生产、工业共生体、生态工业(园)、零排放等。目前在循环经济的研究和实践方面一些发达国家已经取得了很大的成果。

20世纪90年代中期,中国也出现了"循环经济"这一术语。学术界通过对环境保护、经济形态、资源综合利用和增长方式等不同角度的研究,对该术语作了多种界定。国家发改委对循环经济的定义："循环经济是一种以资源的高效利用和循环利用为核心，以'减量化、再利用、资源化'为原则，以低消耗、低排放、高效率为基本特征，符合可持续发展理念的经济增长模式，是对'大量生产、大量消费、大量废弃'的传统增长模式的根本变革。"[1] 当前，这一定义在社会上被普遍推行。它既表明了循环经济的特征、核心和原则，又指出了循环经济是符合可持续发展理念的经济增长模式。当前中国资源的症结在于相对短缺且大量消耗，会对经济发展有瓶颈制约，而循环经济对解决这一问题具有重要的现实意义。

循环经济的本质其实是生态经济，以长远的角度来说，是可持续发展理念的实现途径和具体体现。这就需要遵循生态学和经济规律，合理开发自然资源和利用环境容量，根据"3R"原则发展经济。为了使生态型社会经济系统与生态环境系统的结构和功能相协调，将经济系统按照自然生态系统的物质循环和能量流动规律进行重建，使其与自然生态系统的物质循环进行整合，实现经济活动的生态化。

（二）循环经济的基本原则

循环经济的核心是建立"资源—产品—再生资源"的生产和消费方式，减少资源利用及废物排放（Reduce），实施物料循环利用（Recycle），废弃物回收利用（Reuse），这就是被广泛推崇的"3R"法则。

1. 减量原则

减少生产和消费过程中的物质量，使用少量原料和能源来满足既定的生产或需求，节约经济活动所需的资源和减少作为经济活动来源的污染。从生产的角度来看，产品体积要小、重量要轻，产品的包装也不应该豪华浪费，而是倾向于简单朴实。从生活的角度来看，人们对物品的需求不应该过度，目的就是减少废弃物的排放。

2. 再利用原则

初始的产品和包装应当被重复利用，反复使用。鼓励发展再制造产业，并且在生产时常要求制造商按照标准尺寸设计产品，这样方便以后更换零部件而不是更换整个产品。鼓励人们在生活中购买能够多次重复使用的产品。

---

[1] 吴春山，成岳. 环境影响评价（第三版）[M]. 武汉：华中科技大学出版社，2020.

3. 循环原则

产品在生产出并被使用后不能是无用的垃圾，而是能重新变成可以重复利用的资源。物质循环通常有两种方式：在资源循环利用后形成与原来相同的产品和与原来不同的新产品。循环原则要实现整个循环经济过程的闭合，生产者和消费者购买的产品要符合循环物质比例大的特征。

在上述三种原则中，属于输入端方法的是减量原则，能够减少进入生产和消费过程的物质量，属于过程性方法的是再利用原则，旨在提高产品和服务的利用效率，属于输出端方法的是循环原则，目的是减少末端处理负荷，将废物再次变成可以利用的资源。但是，减量原则、再利用原则和循环原则在循环经济中并不是同等重要的，它们的优先级顺序是减量原则、再利用原则、循环原则，如图1-3-1所示。

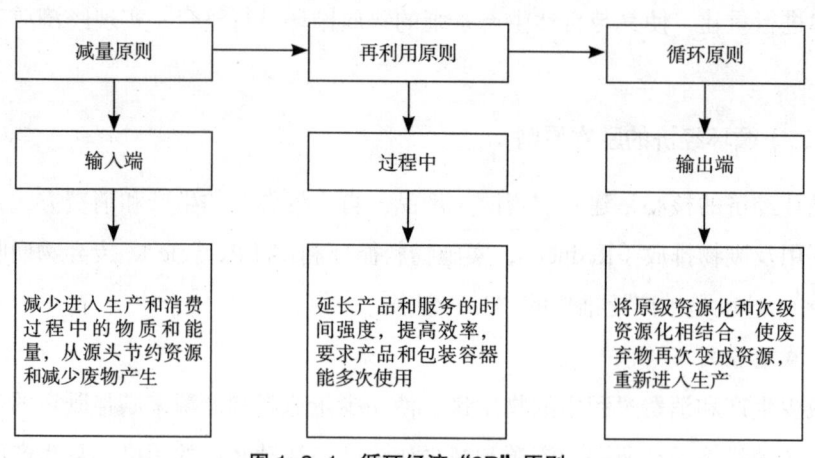

图1-3-1 循环经济"3R"原则

循环经济事实上是一种新经济发展模式，根据可持续发展理念的指导，实现废物资源化不只是以简单的循环利用的方式进行，而是首先要减少资源消耗和废物产生，并在这个基础上重点综合运用"3R"原则。德国颁布的《循环经济与废物管理法》中对废弃物的优先处理顺序有明确的规定：首先是避免产生，其次循环利用，接下来最终处置。第一，思想要从生产过程末端治理转变为从源头预防废弃物的产生，整个生产和消费活动的全过程都要进行污染防治。第二，被消费者使用后的包装物等物品和有些"废物"无法从源头控制或削减，为了其使用价值能被充分发挥，可以原级资源化与次级资源化相结合的方式将其回收再利用。

第三，在许可条件下如果无法实现以上两种方式，可将废弃物进行环境无害化处理、处置。提高资源的再使用和循环利用水平有效地实现了废物减量化，同时将废物再使用和循环利用也可以提高废物减量化的水平。"3R"原则使循环经济的资源用最低的投入提高使用效率，增大循环利用的最大限度，减小污染物的排放，使经济活动符合自然生态系统的物质循环规律并促进人类活动的生态化转向。

二、循环经济的理论基础

我国的一项重大战略决策就是发展循环经济，这一重大举措能够落实党的关于推进生态文明建设的战略部署，同时能加快转变经济发展方式，实现可持续发展，建设资源节约型、环境友好型社会。然而，循环经济的理论基础何在？这是在强调发展循环经济之前，首先需要探讨的问题。

（一）循环经济的哲学基础

循环经济的研究也涉及对哲学问题的研究。循环经济的概念和循环经济的基本原则都属于哲学问题。从哲学上说，循环经济蕴含着一种对自然法则的基本看法。在《封闭循环》中，康芒纳就从哲学层面揭示了循环经济的基本原理，他提出了生态学的四个法则：第一，每一事物都与别的事物有关；第二，一切事物都必然要有其去向；第三，自然所懂得的是最好的；第四，没有免费的午餐。

1. 每一事物都与别的事物有关

马克思主义哲学原理中的普遍联系观点就是该法则。传统的工业经济是一种单向流动的线性经济，即从资源到产品再到污染排放。这种经济只考虑工业生产过程本身的线性联系，把资源不断变成垃圾，虽然实现了经济的数量型增长，但是自然代价反向增长。循环经济是一种物质闭环流动型经济，它的反馈式流程是从资源到产品再到再生资源，而且这种经济发展模式能与地球和谐共处，在经济循环不断进行的同时使所有的物质和能源都能被合理而持久的利用。循环经济之所以反映出的是一种普遍联系的哲学观点，是因为它充分考虑到在工业生产中不仅有整体与各个环节之间有关联，工业生产与自然生态环境也是有关联的。

2. 一切事物都必然要有其去向

这一法则认为在自然界中是不会存在能被称为"废物"的东西。人类在经济活动中创造的物质产品在使用后不是成为废料，就是变成再生资源。传统工业经济注重的是资源来源、生产过程和生产效益，但并未想到由此产生的"废物"会对自然生态造成破坏。这些物质虽然被转化为新形式，但仍属于地球上的多余物。由于还并未考虑到"一切事物都必然有其去向"的法则，所以这些物质一旦允许进入环境，就会有大量的有害物质在这种自然的状况下不断积累在并不属于它的地方。而循环经济在传统工业生产的末端截断"废物"的产生趋向，就能最大限度减少对大自然污染。

3. 自然所懂得的是最好的

该法则强调的生态规律与自然界的自组织、自演化、自调节有关。在长期演化过程中，自然生态系统有着自身的生态规律，包括人的活动在内，这一规律对生态系统各要素产生了制约。人的活动以及经济活动都必须遵循该法则的生态有机规律，要明白生态系统的目的、价值。传统的工业经济遵循的是因果规律，而循环经济则既遵循因果规律，又遵循自然生态在长期演化过程中出现的自组织法则。

4. 没有免费的午餐

没有生产是不需要付出代价的。人在进行经济活动时一边付出生态环境被破坏的代价，一边满足人类生存与发展的效益。破坏生态环境的代价是长远的，而传统工业经济活动忽略了这一巨大的代价，着重考虑了经济效益的最大化。循环经济这一经济形式强调最小的生态代价，对自然的生态破坏降到最低，认为应该停止破坏生态环境的代价大于经济收益的经济活动。

（二）循环经济的生态学基础

经济生态化可以由循环经济来表现，想要实现经济生态化就要有学科基础，其中最重要的是生态学。在学术界看，循环经济的理论与实践可以被生态经济学基本原理加以运用和指导。

1. 循环再生原理

将生态复合系统的功能与结构重新耦合是循环经济的根本要求。基本生态学原理包括再生利用与物质循环，很大一部分自然生态系统的结构和功能在经历地球被人类的大规模改造前是对称的。生态系统的完整结构包括生产者、消费者和分解者，能自我完成的物质循环功能按照顺序为生产、消费、分解与再生产。系统由于自身的能量和信息流动畅通，可以有效调控自身状态，使得生物圈的发展状态保持良性。然而由于不断发展城市化和工业经济，使不同的生态子系统的结构在功能上分化得更加单纯。比如，农田属于生产者、城市属于消费者、垃圾和污水处理厂属于分解者等，这种分化造成了生态系统的结构与功能上的残缺，使得能流、物流和信息流的对称状态被打破，全球生态系统的功能衰退、稳态被破坏，造成的一系列安全、环境、资源问题使人类的可持续发展受到直接威胁。循环经济是拥有可持续发展的经济发展模式的生态经济。人类必须面对的一项空前庞大的生态系统工程就是重新耦合复合生态系统破缺的结构和功能，这也是构筑循环型社会、发展循环经济的本质要求。

2. 共生共存、协调发展原理

经济体系与生态系统共生关系是指生态系统中的各种生物之间通过全球生物、地球、化学循环有机地联系起来，在一个需要共同维持的、稳定的、有利的环境中共同生活。自然生态系统是一个稳定、高效的共生系统，通过复杂的食物链和食物网，系统中一切可以利用的物质和能源都能够得到充分的利用。从本质上讲，自然、环境、资源、人口、经济与社会等要素之间存在着普遍的共生关系，形成一个以"社会—经济—自然"为特征，人与自然相互依存、共生的复合生态系统。

循环经济在复合生态系统中的三个子系统之间，强调其相互依存、共生的因素。传统工业经济发展模式下，三个子系统则是互为制约的因素，导致社会、经济、自然系统的恶性循环，复合生态系统走向衰退，甚至崩溃，如果不能得到及时、有效的遏制，各种环境问题都会随之而来。在传统的工业体系中，各企业之间的生产、排放各自为政，生产过程相互独立，没有建立起互利共生的发展体系，这是污染严重和资源利用率低的主要原因之一。近年来发展起来的工业生态学按照自然共生系统的运作模式，规划建立工业、企业、行业共生体系。工业生态学强调尽可能实现工业体系内部物质的闭环循环，建立工业体系中不同工业流程和不同行业之间的横向共生和资源共享，为每一个生产企业的废弃物找到下游的"分解者"，建立工业生态系统的"食物链"和"食物网"，通过最大限度地打通内部物质的循环路径，建立企业或行业共生体内部物质循环的链条，实现资源节约、经济效益和环境保护三赢。只有建立完善的行业间（工业、农业、服务业等）

共生网络，才能保证整个社会生产系统内部资源利用效率的最大化。

3. 生态平衡与生态阈限原理

发展循环经济必须遵循的基本生态规律既然是生态系统共生的子系统，那么必须遵循基本的生态规律：生态平衡与生态阈限法则。生态平衡是指生态系统的动态平衡，在这种状态下，生态系统的结构与功能相互依存、相互作用，从而在一定时间、一定空间范围内，使生态系统各组成部分通过制约、转化、补偿、反馈等作用处于最优化的协调状态，表现为能量与物质的输入和输出动态平衡，信息传递畅通并控制自如。在外来干扰条件下，平衡的生态系统通过自我调节可以恢复到原来的稳定状态。循环经济的闭环物质循环模式，本质上也是建立输入与输出平衡、结构与功能稳定、自调节与自组织增强的复合生态系统。生态系统虽然具有自我调节能力，但只能在一定范围内、一定条件下起作用，如果干扰过大，超出了生态系统本身的调节能力，生态平衡就会被破坏，这个临界限度被称为生态阈限。

在经营管理"社会—经济—自然"复合生态系统时，我们必须严格地注意生态阈限，使具有再生能力的生物资源得到最好的恢复和发展。人类的社会经济活动不能破坏生态系统的这种自我调节机制，而是要充分利用这种机制，因势利导进行人类的经济活动。比如，任何牧场的牧草生产力与载畜量都存在反馈平衡机制，在人类没有干预的情况下，这个牧场生态系统的牧草生产力与载畜量会趋于动态平衡，以维持牧场生态系统的生产力。要实现复合生态系统可持续发展，人类在生产实践过程中就应尊重生态系统的自我调节机制，不能随意开发。人类应在自然规律允许的范围内进行生产活动，在对社会发展，特别是区域发展进行战略规划时，应切实发挥生态系统的自我调节机制，以保证区域发展的可持续性，进而促进整体发展的可持续性。

4. 复杂系统的整体性层级原理

生命系统从微观到宏观，包括细胞、组织、器官、个体、种群、群落、生态系统等，组成了多层次、多功能的复杂结构。当小的单元组成大的单元时，随着结构的复杂化，附加新的性质，产生了新的功能和新的特征，这就是整体性层级原理。该理论的基本观点为：整体规律大于局部规律之和，局部的规律只有在整体的调节下才有意义。发展循环经济、构筑循环型社会，同样应该从系统、整体的角度着眼，综合调节和控制整体和部分的关系，统筹整体功能和局部利益，从不同层面把"生产、消费、循环"再生体系纳入社会循环的框架之中。

（三）循环经济的生态经济学基础

1. 生态政治经济学

（1）生态生产力与生态技术

从生态文化观点分析，传统教科书中将"生产力"定义为人类征服和改造自然的能力，是人类中心主义的观点，对人类来说是生产力，而对生态来说是破坏力。过去生产力的标志主要是工具和工业技术。工业技术是一种人类中心主义的现代性实践精神，技术水平越高就意味着对自然资源的破坏性越大。而依据生态文化的观点，生产力应是一种和谐地利用自然创造财富的能力。生产力包括以下三种形态：

第一，自然生产力。马克思明确提出"自然生产力"的概念，劳动的自然生产力，即劳动在无机界发现的生产力，和劳动的社会生产力一样，表现为资本的生产力。自然生产力是自然界没有劳动者直接介入的情况下的生产力。例如，自然资源、自然物质、能量和信息及其过程的作用或作用力，马克思称为"单纯的生产力"。我们过去只考虑工具和人的生产力，而忽略自然本身的生产力。生态生产力则把自然生产力纳入生产力的范畴，研究自然生产力与社会生产力之间的关系。

第二，生态技术。生态技术不是一般的工业技术，而是遵循生态规律的技术，主要包括污染治理技术、废物利用技术和清洁生产技术。生态科学不仅要认识物质因果规律，更要认识生态规律形成的程序性的知识，不仅是线性科学，还是非线性科学。

第三，精神生产力。作为生产力主体的人不是具有工业技术文化的人，而是具有生态文化思想的人。人作为生态系统的一员，本身具有自为价值、关系价值和生态价值，要形成整体、有机、系统的思维。

（2）生态生产关系

过去强调，生产关系是调整人与人之间的物质利益关系的社会结构。生态生产关系的市场经济运行机制，超越以私有产权制度为基础的自由市场经济，探讨有利于保护生态的、以公有制为基础的社会主义市场经济运行机制。就生态生产关系来说，循环经济和生态文化对"现代产权理论"提出了挑战。西方规范的市场经济制度基础是私有产权制度。私有产权制度局部上具有保护生态的积极意义，但整体上却不利于生态保护。以私有产权制度为基础的自由市场经济，追求短期资本利润经济利益的最大化，它所带来的"负外部性"问题实际上不利于生态的保护。资本主义是现代性的，社会主义作为对资本主义的根本否定则是后现代性的。我们认为，社会主义公有制的生产关系较资本利润最大化的私有产权制度，更符合共生共存、协调发展、整体层级的生态学原理。

2. 生态计量经济学

生态计量经济学主要研究生态国民经济核算体系，即绿色 GDP（绿色国内生产总值）。1993 年，联合国有关统计机构正式出版的《综合环境与经济核算手册》提出了生态国内产出绿色 GDP 的概念，即从现行 GDP 中扣除环境资源成本和对环境资源的保护服务费用后得到的生态国民生产总值。绿色 GDP 能较准确地说明一个国家的经济产出总量及国民收入的水平，是衡量一个国家发展程度的统一标准。绿色 GDP 主要有两种核算方法：一种是收入法，是全部要素所有者收入（工资、利润、利息等）的汇总数；另一种是支出法，是全部要素所有者支出（消费品、投资品、净出口等）的汇总数。经济产出总量增加的过程，必然是自然资源消耗增加的过程，也是环境污染和生态破坏的过程。从 GDP 中只能看出经济产出总量或经济总收入的情况，却无法准确估计其背后的环境污染和生态破坏程度。现有的经济核算和统计方法中，没有把环境的投入（自然资源的投入、生态系统的投入和环境容量的投入）计算在内，因此得出的经济数据是不准确的，远远高于实际。我国各省、各部门乃至全国公布的 GDP 数字均存在着很大的误差，很可能使我们对全国的经济态势有所误判，得出偏高、偏乐观的估计。在这个 GDP 数字基础上所做的决策，很可能会发生较大的偏差。为了从根本上缓解经济发展和环境保护之间的矛盾，为了促进企业、行业乃至全社会生产力的更新和发展，必须尽快推行绿色 GDP 制度，摒弃不将环境投入计入成本的现行 GDP 核算和统计制度。绿色 GDP 指标，实质上代表了国民经济增长的净正效应。绿色 GDP 占 GDP 的比重越高，表明国民经济增长的正面效应越高，负面效应越低；反之亦然。

3. 生态经济伦理学

经济伦理学属于应用伦理学，也是经济学研究的延伸、扩大和具体化。生态经济伦理学则是伦理学、经济学和生态学的交叉学科。经济伦理是商品经济尤其是市场经济发展的产物，是内在市场经济活动的伦理原则和道德规范。经济伦理学主要研究经济价值与伦理价值之间的关系，生态经济伦理学则要进一步研究经济价值、伦理价值与生态价值之间的关系。市场经济主体利益最大化追求并不总是与社会公共利益、生态价值相一致，因此，生态经济伦理学要探讨在不损害社会福利和生态价值的前提下，市场经济主体在经济利益最大化时的行为规范问题。生态经济伦理规范的基本内容除了传统经济伦理规范的合理性和正当性原则，自由平等和等价交换原则，效率原则外，还包括生态伦理原则。生态经济伦理的实现涉及生态经济、循环经济的制度建设问题。

（四）循环经济的制度基础

1. 生态法律制度与行政管理制度

要发展循环经济，必须有国家政权的宏观管理，进行循环经济和环境保护立法，建立生态法律制度与行政管理制度。现代工业企业与生态环境存在紧密联系。一方面，生态环境是现代工业企业存在和发展的外部条件，对某些特定企业（特色农业、酿酒、精密仪器、电子信息产品）来说，生态环境对企业发展具有决定性作用；另一方面，企业是生态环境的使用者。生态环境是公共物品，而企业生产是私人物品，二者之间存在较大的冲突。企业生产会排放大量的三废（废气、废水、废渣），企业的经济效益往往以对环境的破坏为代价。循环经济是一个宏观的产业体系，包括企业内部的循环、生产之间的循环和社会整体的循环三个层次，必须利用国家政权的力量促进这个体系的建立。

要发展绿色消费市场和资源回收产业，仅凭利润最大化这一驱动力，靠私有企业是无法实现的。在绿色消费中，绿色产品的认定及其标志都需要政府管理；循环经济企业发展也需要国家制定环境价格政策、绿色税收政策、财政投入政策、财政信贷政策、生态补偿政策和污染收费政策进行支持；资源回收产业必须由政府统一计划、统一协调建设。

另外，还要推进循环经济发展的立法，通过法律法规和政策，对循环经济发展进行引导。比如，1991年，德国按照"资源—产品—资源"的理念制定《包装法规》，1996年颁布了《循环经济与废物管理法》；美国1976年通过了《资源回收保护法》，1990年通过了《污染预防法》；日本1998年制定了《家用电器回收利用法》。

2. 生态文化教育制度

循环经济是一种广义的文化活动，需要从根本上建立与其相适应的伦理文化观念体系和符合生态伦理的生活方式，从根本上改变现代的纵欲享乐主义、消费主义价值观念和生活方式。这需要通过规范的生态教育制度，培养千百万具有生态文化观念的新人。具有生态世界观的知识分子在大众传媒等公共领域的宣传教育起到至关重要作用。

生态文化是一种世界观、生产方式和生活方式。生态文化是世界观和思维方式的变化。古代文化是神圣的、朴素的生态文化，现代工业文明则是理性文化，基本的观点是机械世界观、人类中心的主客体论、把世界一切东西工具化的工具论和偏重于分析的思维方式。生态文化对世界持有机的、整体的、系统的观点，把生态系统看成是自组织、自演化、自调节的"自然、社会、人"三位一体的复合系统。在这个复合系统中，自然并非任人征服改造的单纯对象化的客体和工具，而是自组织、自演化的过程。自然有演化方向的过程，就是某种意义的和目的主体性行为。因此，生态系统各要素既有自身的固有价值，也有对生态系统其他成员的工具价值，更有在生态系统中占据独特生态位的、对生态系统整体演进起作用的生态系统价值。人在生态系统中也占据其应有的生态位，是自然生态系统平等而独特的一员，不是征服、改造自然的主体，而是调控主体。因此人与自然的关系不是现代性思维方式下的"主客体关系"，而是互相引导、互相影响、互为伴侣的"主体间"关系。如莫里斯·梅洛－庞蒂所说：存在意义上的人与人之间、人与世界之间、"可见的世界"与"不可见的世界"之间具有"可逆性"的"交互主体性"关系。

人与人的主体间关系影响人与自然的主体间关系，人与自然的主体间关系也影响人与人的主体间关系，互为变量，组成一个"共在"的世界。人与人的关系，特别是前代人与子孙万代的关系，是以自然为中介建立起来的平等"共在"的关系。当代人保护好自然就是保护好了子孙万代。

因此，应在存在论意义上，在生态价值基础上，形成人的生态伦理。一方面，人作为自然的调控者，要考虑自身对自然生态系统的独特责任，有照看生态万物"同伴"的义务，使自然演化得更好；另一方面，人作为生态价值的受益者，要顺应自然生态系统的自组织演进规律，而不是违反自然生态系统的自演化规律，做拔苗助长的罪人。工业文明之所以没有农业文明长久，原因之一就是只注意自然的因果规律，而忽略生态自演化的规律，对自然的破坏速度较快，短期的局部收益以损害人类长期的生存和发展为代价。对自然犯罪就是对自己犯罪，就是破坏人类长远的生存根基，这大概是将非循环经济发展模式转变为循环经济发展模式最为重大的现实和历史意义。这就要求人类的生产方式和生活方式必须按照生态规律的要求进行重塑。

第四节　循环经济的经典发展模式

一、企业内部的循环经济模式——清洁生产

清洁生产指的是通过持续改进生产环节、引进新技术、使用清洁能源和原料、完善管理体系等方法，最终实现利用率的提升，同时减少污染和浪费。此举可以从生产环节减少污染排放量，减轻生产对自然环境的威胁，是当前提倡的全新生产方式。

（一）产品设计阶段

想要从源头减轻污染，应该将目光放在设计环境中，以便提前为生产环节做好相关准备。一方面要便于后期根据市场需求进行修改和升级，另一方面也需要考虑到原料和利用率，尽可能减少污染物排放的总量。此外，设计产品的时候，设计人员应该尽可能选用比较环保的材料，尤其需要替换掉一些毒性较大的制作材料，而且还要考虑到生产能源的消耗量，将节能作为重要的设计理念，从各方面减少对自然环境的污染。

（二）产品生产阶段

从生产的角度来看，想要减少污染，需要从三个方面入手：一是选择环保且可以再利用的原料，二是调整生产环节和产品使用期间的材料流动，三是实现原

材料和产品回收过程中的材料流动，实现整个流程的良性循环。从开采自然环境中的原材料到工业化加工，再到制成各类产品，其中每个环节都会产生废弃物，所以需要形成一个完整的回收流程，便于将某些废弃物进行二次利用，减少废弃物总量，实现废弃物合理再利用，减轻对生态环境的危害。这一做法不仅可以实现生产环节的环保，也可以确保产品的无害（图1-4-1）。

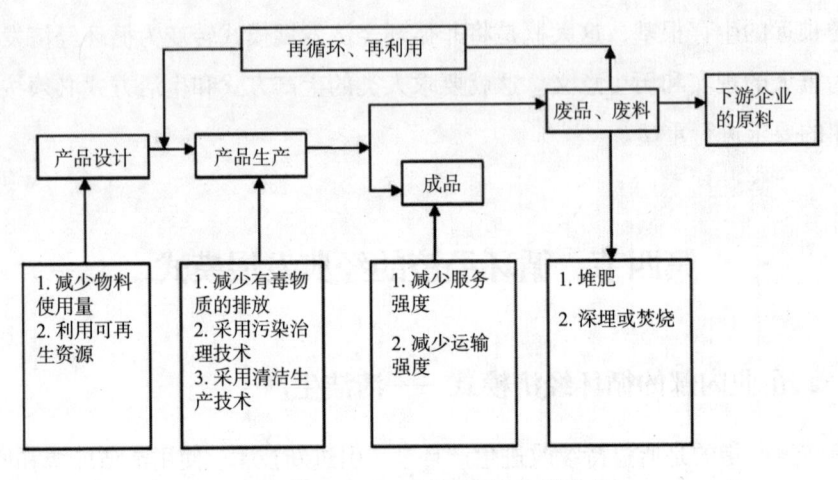

图 1-4-1　企业内部的循环经济模式

循环经济模式指的是3R原则在产品设计、生产、销售、回收再利用等多个环节的实际运用，有时候也体现为当前提倡的绿色营销和绿色审计等举措，也就是绿色管理模式。

杜邦公司拥有非常完整的循环经济体系，将3R原则直接与工业结构相结合，打造出"3R制造法"。这一方法可以在生产和设计等环节直接减少有害物质的需求量，甚至可以直接弃用某些危害过大的原材料。杜邦公司还推出一种可以回收本公司生产的产品。根据1994年的统计，杜邦公司因生产造成的废弃塑料物总量减少至以往的75%，空气污染物排放量减少了70%[①]。

二、企业之间的循环经济模式——生态工业园区

根据循环经济理念和现代工业生态学的相关理念，很多国家都开始建造生态

---

① 米潇. 煤炭循环经济产业价值链形成机理研究 [D]. 阜新：辽宁工程技术大学，2008.

工业园区，一方面是对以往循环经济模式的继承，另一方面也是根据现代工业模式的变化作出的科学创新。生态工业园区可以实现园区范围内的生态产业链，也就是将某个企业在生产过程中产生的废弃物和副产品交由另一家企业，并作为原材料进行生产。这样的话，废弃物在企业间实现了再利用，大大减少了最终的污染物排放，甚至可以完全不产生任何污染。得益于这一模式，各个企业都可以减少排放或购入原材料的成本，并增加与其他企业的联结（图1-4-2）。

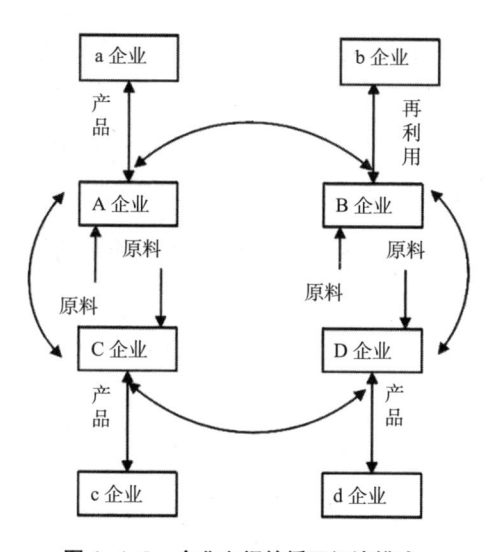

图1-4-2 企业之间的循环经济模式

位于丹麦的卡伦堡工业园区是运行这一模式的代表性园区，主要由四种企业共同组成，分别是炼油厂、制药厂、电厂和石膏板生产厂，并通过循环再利用其他企业的废弃物或副产品的方式，成功减少了废弃物的总量，而且相关企业都免去了一大笔开销，大大提升了产品利润，对企业的长远发展非常有利。

丹麦最大的火力发电厂就在卡伦堡工业园区内部，也是整个园区的核心企业。火力发电的过程中会产生大量的蒸汽，炼油厂和制药厂都可以将其作为自身的能源，而且制药厂可以通过地下的供热管道获取火力发电厂，为小镇提供的热能，不必再按照传统方式燃烧油渣，所以大大减轻了烟尘对自然的危害。此外，发电厂也会产生大量的废渣，可以分别提供给水泥厂和石膏板材厂，作为制造水泥和石膏的原料之一。石膏厂不再依赖从德国和西班牙大量进口原材料，而是用这种方法降低成本。此外，发电产生的热能也可以分级传输，将一些余热通过管道传输到养鱼场和花房。

卡伦堡工业园区内的炼油厂同样也是丹麦规模最大的炼油厂,年产量超过10 000吨,而消耗的原材料也超过10 000吨。得益于循环经济,炼油厂不需要再额外燃烧油渣为自身供能,而是可以直接将发电厂排放的高温蒸汽作为能源使用,也可以将其用于油罐和输油管道。因为炼油厂会产生大量的燃气和火焰气,而石膏板材厂和发电厂都需要使用这些能源。炼油的过程中需要进行酸气脱硫,所以也会产生稀硫酸,可以交给硫酸厂用于生产硫酸,而硫酸厂因此产生的废水又是发电厂所需的材料。如果发电厂也无法消耗完所有的热能,也可以将剩下的部分用于保持花房的温度。

卡伦堡工业园区的制药厂不仅是全丹麦最大规模制药厂的最大分厂,而且在全球范围内也是最大的工业酶和胰岛素生产厂商之一。制药厂可以使用发电厂产生的蒸汽,不需要再额外制热。制药厂中设有农业区,可以种植各类制药所需的植物,但是这一过程非常复杂,需要进行微生物发酵,所以会产生废渣。这些废渣虽然无法用于制药,但是本质上仍是有机物,可以作为肥料销往附近的农场。

卡伦堡工业园区内的石膏板材厂是瑞典石膏公司的分厂,而这一企业同时也是行业领军企业,整体规模较大,是重要的原材料供应商。石膏板材厂需要使用发电厂的副产品——石膏,而且还可以借助炼油厂产生的燃气将石膏板材快速烘干。

三、全社会的循环经济模式——循环型社会

打造循环型社会的首要条件是在人类社会和自然生态环境之间建立起一套能够良性运转的循环经济体系。从另一个角度来看,建立起这套循环体系也有隐藏的条件,那就是当地的社会发展还没有完全破坏自然生态环境,否则无法实现二者间的平衡。此外,考虑到社会发展的需求,废物回收和再利用的相关产业在实现良性循环的过程中起到了非常重要的作用,可以将大量的资源进行再利用,继而形成"自然资源—生产—消费—二次资源"的良性运作流程。德国非常重视循环经济,并且建立这一模式的时间比世界上任何一个国家都早,所以相关技术水平也更高,打造了双元回收体系,起到了良好的示范作用。

(一)德国包装物双元回收体系

双元回收体系(DSD)是德国打造的一个中介组织,专门从事废弃物回收和再处理,而且自身不具有营利性质。1995年,双元回收体系由从事生产、商业运作和废弃物回收的95家企业和厂家共同组成,目前有116万家企业加入,占包装企业的90%。[1]企业可以直接在可以回收的包装物上印"绿点",然后就可以交给DSD的企业进行回收和处理。任何一种包装物都可以印上这一标记,表明自身已经是"商品包装再循环计划"的参与者,并且已经交齐了相关费用。"绿点计划"的本质是要求所有排放废弃物的企业必须为此付出代价,而加入DSD的企业可以用这些资金回收、处理和加工废弃物,大大减轻了对环境的压力。

由于需要在包装物上印"绿点",向DSD的企业表明这些废弃物可以回收再利用,所以这一流程也叫作"绿点系统"。消费者会自觉将这些印有"绿点"标志的包装物放入分类垃圾箱,便于相关企业进行统一处理。这一标志是一个卷成圆圈的绿色箭头,乍一看像是一个绿色圆圈,表达了环保和循环的主旨。加入双元回收体系的公司都不具有通过这一体系盈利的能力,所以企业缴纳的资金将用于这套系统的循环。

其实,双元回收体系的前身是由多家企业自行组建的回收运行模式,后来得到了相关政府的支持,让这些企业得以免除税款。这一体系的建立是企业主动推动环保经济的典范,也是政府和企业共同努力的结果。

(二)日本的静脉产业

"第四产业"就是"静脉经济",本质上是专门从事垃圾回收处理和再利用的完整产业。静脉产业是在循环经济原理的基础上衍生出的全新模式,能够解答全球发展面临的两个问题:一是全球垃圾总量超出生态环境的承受能力,二是可用资源无法满足需求。静脉产业可以将垃圾进行处理,使其变成主要能源,让人类社会的发展不再完全依赖于自然资源。得益于这一产业,对自然环境的影响将会逐渐减弱到可控范围内,最终实现可持续发展。

在日本,静脉产业承担着建设循环型社会的重大任务,也是21世纪发展前景最为广阔的新兴产业。静脉产业的主要工作内容是让废弃物成为可以使用的资

---

[1] 白洋. 循环节约型经济管理研究 [J]. 大观周刊, 2012 (52): 2.

源，而日本人认为这一运作流程非常类似于人体内的静脉。静脉可以将二氧化碳含量较高的血液直接送回心脏的静脉，再次进行处理，所以这一产业就被称为静脉产业。经过长期的发展，日本静脉产业已经大致形成了三大模块，分别是将生活垃圾制成植物有机肥、家畜饲料或电池燃料，为很多日本企业提供了灵感。举例来说，加茨公司主动与生态农业相关的公司进行合作，将超市、食品商店、食品加工厂、饭店等产生的食品垃圾和废渣进行回收，然后将可再次利用的有机物资源交给清洁公司和农户，让他们将其作为饲料和肥料。这样一来，两个不同行业的多家企业就共同搭建起一套可循环的资源再利用模式，而且都可以获得更高的利润。

同一时期，市场上出现了生活垃圾处理器，让普通人可以直接处理日常生活中产生的垃圾。生活垃圾处理器一经上市就获得了不错的反响。除此之外，部分日本公司致力于研究一种可以将生活垃圾变为甲烷的新技术。如果研究成功，这一技术就可以直接制造出氢气，为电池提供燃料。

日本的静脉产业在20世纪八九十年代正式进入初级阶段。虽然当时的静脉产业规模较小，并不足以被称为一个产业，仍然需要依靠政府的强制力才能继续运行，但是随后日本的工业化进程加快，而且社会结构出现了较大的变化，所以情况变得更为复杂。日本刚刚完成了减轻工业污染和生活污染的目标，又出现了废弃物处理的难题，包括填埋场数量较少等问题。为了解决新的问题，政府从20世纪90年代开始严格把控废弃物回收和利用的管理体系，而且大力推进静脉产业的发展，力求尽快实现废弃物的正确处理和二次利用。这一体系的出现和落实完全颠覆了日本社会以往的发展模式，即"大量生产、大量消费、大量废弃"的模式。

经过十年的发展，日本建立循环型社会的重要举措逐渐转变为大力推动静脉产业发展，所以静脉产业在这一时期开始快速发展，整体规模迅速扩大，而且政府的政策扶持吸引了不少企业参与这一新兴产业，使整个产业的运作模式趋于完善。因为静脉产业是实现全社会各个行业与政府共同打造良性循环系统的开端，所以日本政府对产业相关规范和制度进行了补充和调整，要求各企业必须参与。日本颁布了《资源有效利用促进法》及相关法律法规，有效推动了静脉产业的发展。

经过长期的发展，企业已经在静脉产业中占据了主要地位，而且日本借助市场经济的特点，已经实现了政府、企业和学术界一同参与并互相促进的模式，提高了静脉产业在日本经济中的地位。

第二章 低碳经济发展模式的国际经验

本章讲述的是低碳经济发展模式的国际经验，主要从两方面内容进行具体论述，分别为发达国家的低碳经济发展和发展中国家的低碳经济发展。

第一节 发达国家的低碳经济发展

一、美国：发展新能源战略

相比于其他国家，美国的能源消耗量非常庞大，所以也就格外关注能源的循环利用。由于经济危机的冲击，美国的国内经济发展需要一个突破点，美国结合多方考量后确定将保证能源安全作为主要发展方向，并为此颁布了不少相关的法律，也就是新能源战略。虽然这一举措的根本目的是尽快挽救国家经济，但是本质上迎合了时代的发展方向，即低碳经济。

1993年，克林顿政府颁布了《气候变化行动方案》，一方面说明了气候问题对美国未来发展影响的严重性，要求提前做好经济方面的准备，另一方面提出了"2000年把美国温室气体排放量减少到1990年水准的目标，而实现该目标可以在推进经济增长的同时创造更多的工作机会。"[①]

1998年，克林顿政府签署了《联合国气候变化框架公约的京都议定书》，旨在限制发达国家的温室气体排放量，进而达到遏制全球变暖等严重气候问题的目的。这一协定具有法律效力，并作出了明确的规定："2008—2012年，工业国家必须在1990年水准上削减二氧化碳排放6%～8%"[②]。

乔治·沃克·布什当政期间，推出了《美国能源政策法》，认为减排能源应

---

① 李海东. 从边缘到中心：美国气候变化政策的演变[J]. 美国研究, 2009, 23（02）: 20-35+3.
② 同①。

从生产和分配等环节入手，针对行业现状制定了较高的减排标准和产品能效标准，如家用电器等行业，兼具节能和减排的双重任务。此外，政府会根据不同情况减轻企业的税收压力，基本上确定了高能效的行业发展方向，而且还针对一些燃油效率更高的交通工具提出了税收减负的相关政策。

小布什政府于2007年颁布《低碳经济法案》，正式确定了温室气体减排目标，即"2020年将美国温室气体的排放减少到2006年水平，2030年减少到1990年水平，并在全国经济范围内通过限额——交易体系减少温室气体排放"[1]。天然气处理厂和石油冶炼厂等厂家，以及需要大规模使用液化天然气、进口液体燃料和煤炭的设施都加入这一体系中。

奥巴马于2009年提出了"美国复兴和再投资计划"，以发展新能源为投资重点，计划投入1500亿美元，用3年时间使美国的新能源产量增加1倍[2]。为了确保这一计划能够真正落实，奥巴马政府先后出台了3部相关法律，分别是2009年《美国恢复与再投资法》、2009年《美国清洁能源与安全法案》和《2010年美国能源法案》。这些法制方面的支持让新能源战略顺利执行。奥巴马政府明确了这一战略的目标：短期来看，新能源战略可以缓解国内的失业状况，挽救国家经济；长期来看，新能源战略可以让美国不再单纯依赖他国的能源，尤其是石油，所以对于低碳战略转型非常有利。下面将详细解释美国新能源战略的具体内容：

（一）可再生能源

美国新能源战略的重点是开发和使用可再生能源。为了实现从不可再生能源为主到可再生能源占主导的转变，美国政府鼓励科学技术的发展，对水电能源、风能、核能、太阳能和地热能等清洁能源大力研究，并制造了不少相关设备，如太阳能设备、核电设备和风电设备，还有动力电池和混合动力汽车等产品，力求减少美国的石油消耗总量。此外，美国政府计划在10年内投入1500亿美元用于可再生能源的相关项目，如开发绿色能源、推动混合动力车的市场化进程、相关基础设施建设、建成低排放量煤场等项目，并要求相关企业逐步发展新数字电

---

[1] 段红霞. 国际低碳发展的趋势和中国气候政策的选择 [J]. 国际问题研究，2010（01）：62-68.
[2] 中国经济网. 新能源产业：新一轮国际竞争的战略制高点 [EB/OL]. （2009-08-11）[2023-01-08]. http://views.ce.cn/view/economy/200908/11/t20090811_19753501.shtml.

网。此外，美国政府为了鼓励更多企业的参与，计划由清洁能源为燃料的发电量到 2025 年达到总发电量的 25%[①]。此外，美国直接要求石油公司缴纳利润税，并将其作为发放给普通民众的能源补贴，而且每个家庭都可以短期退税，减轻因能源价格上涨造成的经济负担。

（二）新能源汽车和未来的车用燃料

为了推进弹性燃料汽车和混合动力汽车等新能源技术的研究进程，美国政府计划将汽车燃料经济标准逐年提升 4%。这一举措迫使企业不得不尽快研究更先进的电池技术，进而减少石油消耗量。此外，美国从联邦政府的资金库中拿出 40 亿美元用于支持新能源汽车的开发和上市，并以 7000 美元的低税额度鼓励消费者购买节能型汽车[②]，确保 2012 年之前实现电动汽车和插电式混合动力汽车的市场占比达到 50%。美国政府规定了国家低碳燃料标准，从其他国家购买了不少低碳非化石燃料。

（三）智能电网

为了提升现有电网的安全性和智能型，美国实行了电网改造计划，一方面加快智能电网系统的基础设施建设，另一方面推进电网的改造，要求尽快实现超导电网和数字电网的建成。从美国能源部提供的相关数据来看，智能电网建成之后的 20 年，可以省下近 1000 亿美元。美国新能源战略中也对电网改造的步骤进行了详细阐述，分别是：优先对出现故障和电路问题的电网系统进行更换，尽快建成全美统一电网；推动相关行业的发展，让国家电网能够发挥最大功用，提升整体效率，最终达到地热能、风能、太阳能设施和相关人员的统一管理；大力提倡分布式能源管理，不断提升能源利用率，最终超越国际上的其他国家。2003 年，美国在"国家电网 2030"的国家规划中正式提出了借助超导技术搭建全国电网的计划。在 2005 年的《美国国家能源政策法》中，美国认可了超导电缆搭建电网的重要意义，并在《美国清洁能源与安全法案》和《美国恢复与再投资法》中明确提出了智能电网的建成和资金投入等详细规划。

---

① 张伟. 美国：新能源战略力推节能环保产业 [EB/OL]. （2019-12-05）[2023-01-08]. https://www.diandong.com/zixun/17788.html.
② 董战峰, 毕军. 绿色化国际经验的启示 [J]. 唯实, 2015（10）：55-58.

(四)清洁煤技术与核电

提出碳排放总额的限制之后,美国计划逐渐形成以市场需求为主导的管理体系,包括排放总量的限制和排放额的交易等。相对于2005年的排放量,美国计划到2030年削减42%,到2050年削减83%[1]。由于美国热带雨林的砍伐,碳排放量的全球占比逐渐提升到20%。为了解决这个问题,《美国清洁能源与安全法案》专门提出了一项针对热带雨林砍伐问题的辅助政策。此外,美国将碳排放总额限制所得的资金和排放额交易所的收入,全部投入开发绿色能源的相关研究项目,大力支持绿色能源的开发和应用。美国希望与温室气体排放量较大的部分国家一同召开"全球能源论坛",针对气候问题和绿色能源开发等问题进行讨论。

(五)提高能效

美国政府通过技术革新和提升建筑物效能等方法提升整体能效,最终达到10年内的新建筑物能效提高50%的目标,且2030年之前实现新建筑物的零排放,或者稳定保持现在的排放量。为了达到这一目标,美国政府率先改造联邦政府的建筑,包括白宫在内,要求在5年内将所有联邦政府建筑能效提高40%,所有新修联邦政府建筑到2025年实现零排放[2]。此外,美国将优先进行全国公共建筑物和各大中小学校的统一改造和升级,换上更节能的新设备。公共事业公司也被要求提升社区的整体能效,使现在的社区更环保。美国政府针对普通民众推出了一系列政策,包括:鼓励步行和骑行;通过税收政策的调整,为乘坐公共交通的人提供更多优惠;大力建设公共交通。

(六)投入大量资金

按照新能源战略的内容,太阳能、充电式混合动力汽车、核能和风能等新能源的研究项目和相关企业可以向政府申请研究资金,甚至连乡镇或农村的相关产业也可以申请贷款。为了落实这一规定,美国建立了由联邦政府提供资金的全国性贷款机构,为可再生能源的研究项目和相关产业提供较低利率的贷款,或者也可以提供贷款担保服务,吸引更多投资者参与这一行业。

---

[1] 董岩. 碳交易市场定价的法律规制——基于美国和欧盟的国际比较 [J]. 金融服务法评论, 2011, 2 (01): 193-204.
[2] 孙西辉. 低碳经济时代的美国新能源战略析论 [J]. 理论学刊, 2011 (09): 60-63.

二、英国：创建低碳经济社会

英国是世界上控制气候变化的倡导者和先行者，也是最早提出"低碳"概念并积极倡导低碳经济的国家。作为全球低碳经济的"领头羊"，在1997—2006年的十年间，英国实现了200年来最长的经济增长期，经济增长了28%，温室气体排放减少了8%。[①]通过长时间的实践，英国的相关数据表明：减少碳排放和经济水平的增长并不是对立关系。减少碳排放量既是遏制全球变暖问题的重要手段，也是提升本国经济水平的时机。

2003年，英国政府颁布了以《未来能源—创建低碳经济》为主题的能源白皮书，之后又于2006年委托前世界银行首席经济学家、现任英国政府经济顾问尼古拉斯·斯特恩（Nicholas Stem）撰写《气候变化的经济学：斯特恩报告》，针对气候问题在经济领域的正负面影响进行深入研究，并进行量化展示，希望引起全球各国对这一问题的重视，加快低碳经济转型的整体速度。英国于2008年颁布了《气候变化草案》，是世界上第一个为气候问题制定的法律文件的国家。这一文件指出英国应该组织成立委员会，针对英国的碳排放现状和政府资金投入等问题直接与政府人员进行沟通，对之后的15年减少碳排放总量有重大意义。得益于文件内的相关规定，企业和个人可以更放心地参与相关产业。

在《气候变化法案》的指导下，英国于2008年12月成立了气候变化委员会，承担着计算降低碳排放的多项成本和提升能效等多项工作，具有较强的专业性，能够为英国政府提供真实的数据和有效意见，确保政府作出正确的决策。气候变化委员会需要向国会提供一份详细的报告，且政府需要对报告中指出的问题作出回应，确保相关工作进程的公开透明。成立当天，委员会提交了《创建低碳经济英国温室气体减排线路图》，针对2050年温室气体减排目标提供了一系列的实施步骤，详细描述了未来的减排路线，并分别阐述了可能出现的问题和解决办法。

2009年，英国能源与气候变化部颁布了能源与气候变化白皮书《英国低碳转型计划》，表明了英国开始全面向低碳经济转型，逐步实现经济的可持续发展。下面将针对具体内容进行叙述：

[①] 蒋耘莛. 国外低碳经济战略分析及启示[J]. 中国经贸导刊，2011（12）：84-85.

（一）形成低碳产业体系

为了实现向低碳经济的转型，需要格外注意低碳产业的发展。低碳产业是否形成完整的体系、是否达到应有的规模、是否掌握先进的技术，都对低碳经济的发展有较大的影响。此外，低碳产业的规模、产品出口总量和技术水平等是衡量整体发展水平的重要指标，需要用公式计算，即低碳产业产值/GDP总值。从这一公式也可以看出，低碳产业的产值占比是衡量其发展水平的关键数据，而产值占比越大，计算结果越大，低碳产业的发展水平越高。低碳产业的产品出口总量可以用于粗略计算本国低碳产业出口额在全球的占比，而技术水平是长远发展的动力，也是当下低碳经济水平的主要支撑。

（二）鼓励低碳消费

除了强制性的法律制度和国家政策外，英国要求普通民众尝试低碳生活方式，与政府共同努力，遏制全球变暖。

1. 恒温消费

恒温消费要求在消费的过程中尽可能避免或减少对生态的破坏。英国的绿色食品上均有一个标签，让消费者知晓生产和运输的环节中产生的碳排放总量。英国的大型连锁超市都会给部分产品贴上这样的标签，表明生产每克食品的二氧化碳排放总量。这一举措让消费者在挑选的过程中，更倾向于购买低碳商品。

2. 合理消费

金融危机发生后，英国政府及时制定了相关政策，要求民众根据自己的生活水平进行合理消费，减少不必要的消费，并结合当下低碳经济的发展需求，鼓励普通民众仅购买需要的商品。此外，为了让商品的生产和使用价值之间的联系变得更紧密，英国政府要求普通民众理性消费，减少浪费。

3. 新领域消费

新领域消费主要包括两方面的内容：一是在技术水平提升形成的新行业中进行消费，比如，购买电动汽车和电子书，或者将家用能源换成太阳能和风能等可再生能源；二是转变个人的消费观念，让普通民众意识到商品消费的本质是对自然资源的消耗，不能给个人的成长和生活带来精神上的慰藉，进一步催生文化消费和休闲消费等全新的消费方式。

三、日本：倡导低碳社会行动

作为太平洋岛国之一的日本，受全球气候变暖的影响远比其他发达国家大，所以全球变暖对于当地的生态环境、国民健康、渔业和农业等均有较大的负面影响，迫切需要减少碳排放和能源消耗，大力发展低碳经济。日本是最早提出低碳社会概念的国家之一，希望能够有效推动低碳经济的长远发展，并将其作为提高日本经济水平的突破点。2008年，日本颁布了《建设低碳社会行动计划》，要求尽快向低碳社会转型，优先发展太阳能与核能等可再生能源，计划为相关产业发展提供大量的资金。日本建设低碳社会行动计划方案主要有以下几点：

（一）建设零排放量建筑

为了减少建筑物的能源消耗，日本政府要求大力推进太阳能建筑和智能建筑的建设，并实行了一系列相关举措，包括建立建筑物环境效益标记制度，并对标记过的建筑提供税收和贷款等方面的优惠，开办相关培训班，培养更多效益评估的人才，按照固定的评估方法对建筑物进行整体评估，制定合理的节能标准。这些举措面向全国普通家庭和相关企业。

（二）提倡使用节能设备

提倡使用节能设备的目的是打造以租赁为主要方式的全新消费体系，鼓励使用节能设备，主要包括：将更多节能设备纳入产品推荐目录；确定科学的评估方式；成立专业的评估机构，对各企业的相关数据进行测算和整理；通过多种手段鼓励企业减少碳排放；鼓励普通民众用租赁代替购买。

（三）提供本地时令农业食品

相比于进口或者长途运输，直接将本地的农业食品贩卖给当地居民所产生的碳排放量明显更少，所以日本政府制定了相关政策，包括大力支持低碳农业的发展；培养农业方面的人才，为建成低碳农业提供专业指导；为租借太阳能设备和大型机械的农民提供资金补贴；制定低碳农业评估标准，为符合标准的农户或农场提供认证标志。

（四）使用生态建材

日本政府为提升本地的可再生建材在原材料中的占比，制定了相关政策：鼓励生态化管理，并提供相关认证标识；政府进行绿色采购；通过完善森林管理模式，形成集聚效应；为使用可再生建材的企业提供税收上的优惠；完善相关法律法规，确保生态建材可以被广泛使用。

（五）发展低碳商业

日本政府要求发展低碳商业，并生产低碳商品，所以实行了多项措施：建立符合日本减排目标的交易体系和税收体系；及时公开相关税率，让企业可以自行制定具体方案；要求企业将碳排放的相关数据公开；引入国际通用的碳排放计算方法；对投资低碳行业的企业提供税收上的优惠。

（六）建立完善的物流服务体系

日本根据自身的交通设施和信息技术水平，结合低碳经济的要求，实行了一系列相关措施：针对网络信息传输系统、集装箱管理和基础设置建设分别设立统一的管理标准，降低供应链行业的准入门槛，树立企业典范，为运输行业的企业减免部分税收，进一步提升行业碳排放标准。

（七）合理的城市交通规划

日本政府鼓励普通民众步行和骑行，所以需要对城市交通进行整体规划，一方面推行"绿色税收"，提升环保型汽车等交通工具的市场占比，另一方面建立更合理的税收制度，对一线城市和城市中心的交通设计进行适当改动。此外，日本政府与市民一同商讨建设低碳城市的具体方案，要求环保型交通工具享有优先停放的权利。

（八）建立低碳电力供应体系

低碳电力是建设低碳社会的重要方式之一，而且日本政府非常重视碳捕捉和存储技术的开发和利用，并实行了多项措施，包括应用超高压输电技术和高效能电力设施技术，建立合理的电费计算体系，采取用户自由选择电力类型的方式。

（九）支持可再生资源的本地化

为了降低可再生资源的运输成本和由此产生的碳排放，日本政府提出：支持当地电网建设，稳定供应电力；为相关产业提供资金上的支持；鼓励可再生能源的相关研究；建立完善的市场化体系。

四、韩国：推行绿色新政战略

韩国是全世界第十三大经济体，而且长期以重工业作为经济发展的重心，能源的消耗量和碳排放总量较大。其中，韩国的水泥生产量是日本的 2 倍，能源消耗总量是日本的 3 倍，所以急需发展低碳经济。2009 年，韩国的国务会议上通过了"绿色工程计划"，预计将在未来 4 年内投资 50 万亿韩元（约 380 亿美元），共开发 36 个生态工程，持续拉动韩国未来经济的增长[1]。"绿色工程计划"又叫作"绿色新政"，主要内容为以下几点：

（一）创建绿色生活环境

从广义来说，创建绿色生活环境的具体范围包括建设环保型水坝、治理韩国的四大江河、寻找备用水源、建立绿色交通体系、鼓励绿色汽车的生产和销售、大力发展可再生能源。韩国将会在全国开展关于绿色交通的活动，要求针对公共交通、自行车、铁路等交通路线进行调整。此外，韩国还将建成更多环保水坝，尽可能减少洪水和其他灾害造成的损失，还可以提前储备大量水源，而且还将建成超过 200 万个绿色住宅和办公楼，即建设 200 万户具备太阳能热水器的绿色家庭，并将 20% 的公共照明设施更换为节能灯泡[2]。

（二）提升绿色技术

韩国政府于 2008 年 8 月制定了"577 战略"，也就是韩国低碳科技发展基本计划。这一战略主要针对未来 5 年间的国内低碳科技发展作出了详细的规划，并制定了合理的发展目标。从战略内容来看，韩国预计在 2012 年左右将研发投入从 2006 年的 3.23% 提高到 5%，也就是 66.5 万亿韩元（约 505 亿美元），比上届政府研发总投入多 26 万亿韩元（约 198 亿美元），基础科学在总投入中的占比从目前的 25% 提高到 50%。此外，"577 战略"确定了 7 大研发领域、7 大科技系统以及 50 个具体技术研发项目；计划到 2012 年实现世界第 7 大科技强国的目标[3]。

---

[1] 个人图书馆. 低碳城市[EB/OL]. （2016-02-22）[2023-01-11]. http://www.360doc.com/content/16/0222/11/30142441_536394850.shtml.
[2] 张东明. 浅析韩国的绿色增长战略[J]. 当代韩国，2011（02）：11-22.
[3] 国际能源网. 韩国推出绿色新政确立低碳增长战略[EB/OL]. （2009-09-24）[2023-01-11]. https://www.in-en.com/article/html/energy-525589.shtml.

同年的9月，韩国政府颁布了《绿色能源产业发展战略》，将9个行业作为绿色经济中的重点，分别是能源储藏、高效煤炭 IGCC、电力 IT、光伏、CCS、氢燃料电池、风力、清洁燃料和高效照明，并确定了6个作为阶段性重点的行业：超导、小型热电联产、绿色汽车、热泵、节能型建筑和核能。2010年，韩国推出了绿色研究开发（R&D）计划和绿色 IT（资讯科技）战略，而且同年制订了绿色增长国家战略及5年计划，定下了2050年成为排名前5的绿色强国的目标。

（三）发展低碳产业扩大就业

韩国于2009年1月6日正式提出"绿色工程"计划。该计划将在未来4年内投资50万亿韩元（约380亿美元），开发36个生态工程，并因此创造大约96万个工作岗位[①]，可以为韩国整体经济水平的提升助力，而且可以缓解失业问题，预计将会比传统制造行业多提供约3倍的工作岗位。作为环保努力的一部分，将投资3万亿韩元用于扩大森林面积，将会增加23万个就业岗位[②]。

第二节　发展中国家的低碳经济发展

一、印度：构建国家低碳发展八大计划

在可持续发展方面，印度政府一直持鼓励的态度，先后采取研究全新技术和减少碳排放等措施，将环境友好的理念应用到实际生产中。在《京都议定书》提出"清洁发展机制"（CDM）之前，印度政府已经开始关注气候问题，并实行了不少措施。举例来说：印度政府认为节能减排的关键是可再生能源，所以大力支持研究、开发、利用可再生能源的相关项目，而且还对汽车尾气进行了限制。印度政府从财政方面入手，制定了不少能够刺激低碳经济发展的政策，包括特殊关税、软贷款和税收等多方面的优惠。除了财政政策，印度政府同时实行了鼓励国内外能源型企业建厂和加快相关审批流程等措施，而且还设立了"非条约性能源

---

① 国际能源网. 韩国推出绿色新政确立低碳增长战略[EB/OL].（2009-09-24）[2023-01-11]. https://www.in-en.com/article/html/energy-525589.shtml.
② 同花顺财经. 多国大力发展低碳经济世界走向"低碳"[EB/OL].（2009-12-03）[2023-01-11]. http://stock.10jqka.com.cn/usstock/20091203/c61663276.shtml.

部",承担起提高可再生能源占比等重要任务。印度政府设立"可再生能源发展协会",主要负责为可再生能源的相关项目争取投资。

由于全球变暖的情况越发严重,印度政府于2008年6月提出了《气候变化国家行动方案》,其中包括八个执行计划。

(一)太阳能计划

印度是一个太阳能资源丰富的国家,所以在寻找可再生能源时,可以将太阳能作为首选,而且光伏电池的成本降低后,印度的各个城市可以依靠政府的资金建造规模较大的太阳能发电站。所以,印度政府在该计划中提出进一步提升太阳能资源的占比,并持续提升生物能、风能和核能等可再生能源的占比,而且在太阳能发电技术和发电系统方面积极寻求与其他国家的合作,进一步降低了研发成本和使用难度。

(二)提高能效计划

印度中央和州政府以《节能法案(2001年)》为依据,在政府内部分别设立了能效部(Bureau of Energy Efficiency)。这一部门可以用政策支持的方法鼓励可再生能源的研发和利用,要求各企业尽快完成设备升级,提高整体能源利用率,减少碳排放,而且可以对融资方式进行调整,将重点放在需求侧管理项目上。此外,印度政府还实行全新的节能证书交易制度。

(三)可持续生存环境计划

印度政府制定了《节能建筑规范》,其中要求整体提升城市基础设施的安全性,并制定社区灾难应急方案和极端天气预警方案;对城市交通道路进行重新规划,让市民们感受到公共交通的便利,减少驾车出行的次数;通过对新建筑物和商业建筑物的改造,减少能源消耗;构建合理的城市废弃物回收和能源循环利用的科学管理体系。

(四)水资源计划

印度政府对《国家水政策》进行了再次修订,将会尽快建成全国统一管理的相关体系,将雨水、地下水和地表水等水资源合理存储,并对水资源的分配和使用进行整体升级。

（五）维护喜马拉雅山脉生态系统

为了保护喜马拉雅山脉的淡水资源和生态环境，印度政府寻求与邻国的合作，建立淡水资源和生态监测系统，并要求国内社会组织和企业参与到保护生态环境的活动中。

（六）绿色印度计划

印度政府预计投入 600 多亿卢比，打造 600 万平方米的林区，积极遏制林地退化，将森林覆盖率由目前的 23% 提高到 33%[①]。

（七）可持续农业计划

印度针对农业制定了一系列方案，包括：对现有的信用和保险系统进行完善，助力可持续农业的发展；对耐高温作物进行选育；完善现有的农业检测和气候变化评估系统。

（八）应对气候变化科技计划

印度政府为了与其他国家和国际科研机构达成合作，创立了资源共享平台，进一步提高国内气候研究的整体水平，便于针对未来可能出现的其他气候问题和全球变暖可能导致的问题提前做好准备。

二、巴西：生物质燃料的急先锋

（一）扩大能源作物种植面积

巴西国土面积达 851 万平方千米，有牧场 2 亿多公顷，农田 6200 多万公顷。除了山地和荒漠外[②]，因而有条件在保证粮食生产的情况下，通过开发新的农田来扩大能源作物的种植。

巴西大部分地区都适宜种植大豆、油棕榈、花生、蓖麻、向日葵等油料作物，仅在亚马逊地区，适宜种植油棕榈的土地就高达 5000 万公顷，完全可以形成能

[①] 袁惊柱，谭秋成. 城市应对气候变化管理体系与减排机制[M]. 北京：科学技术文献出版社，2015.
[②] 百度百科. 燃料乙醇[EB/OL]. （2022-10-24）[2023-01-12]. https://baike.baidu.com/item/%E7%87%83%E6%96%99%E4%B9%99%E9%86%87/6856039?fr=aladdin.

源农业的产业规模[①]。由于巴西土地广袤,气候适宜,加上较强的农业优势,迄今巴西能源生产的47%来自可再生能源,其生物燃料生产成本仅为欧盟的一半、美国的三分之二,被联合国粮食及农业组织评为"最具生物燃料生产条件的国家"之一,也成为生物燃料的投资前沿。联合国环境规划署的报告称,巴西的乙醇项目几乎吸引了去年整个拉美地区的可再生能源项目投资,达108亿美元,同比上升了76%。此外,巴西科技部门还投入了数亿美元用于生物燃料技术研发,加快第二代生物燃料技术研究步伐,将生物燃料的原材料拓展到秸秆等农林废弃物,积极探索使用纳米技术突破第二代生物燃料的生产瓶颈。

(二)积极提高能源利用效率

1. 节能计划

巴西政府在1985年12月制定了国家电力节能计划,资助或联合资助由州和地方电力公司、大学、国家机构或私人公司承担的节能项目。国家电力节能计划也可以帮助电力公司从电力部门获得低息贷款资助主要能效项目。国家电力节能计划的主要工作体现在通过控制居民用电、商业及公共服务场所用电和工业部门用电来节能。

2. 节能法规

巴西政府主要针对能效投资、能耗标准、能效标识等方面制定了节能法规。在能效标识方面,1993年巴西颁布了总统令,对家电实施节能认证;2007年4月,巴西通报了关于非电热燃气热水器效率要求及合格评定程序的法案草案,该法规对非电热燃气热水器制定了最低能效性能标准。在能效投资方面,巴西相继颁布了9.991-2000号法、3.867-2001号法令,强制电力部门的特许、许可和授权持有人投资于能效。

三、南非共和国:创新绿色发展模式

(一)减少对石油的依赖

南非矿产资源丰富,除了给人留下深刻印象的钻石和黄金之外,南非白金、

[①] 范文资料网. 巴西农业发展前景广阔(3)[EB/OL]. (2020-08-25)[2023-01-12]. http://www.ahsrst.cn/a/201704/264442_3.html.

铬、钒、锰的储量都占世界首位，煤炭、铀、钛和铜的产量也名列世界前茅。但是，重要的战略资源——石油的蕴藏量非常稀少，到目前为止，除沿海地区发现少量石油外，南非内陆地区一直没有发现石油的影子。但石油缺乏的窘境并未使南非的能源供应出现吃紧现象，主要原因是，南非拥有世界上最先进的"煤炭液化"技术。"煤炭液化"是指把煤通过高温、高压的办法变成富含各种烃类的气体，然后将这些气体提纯后进行反应从而生成石油和其他化工产品的过程。

（二）建立"绿色电力交易机制"

南非煤炭资源丰富，其国有电力公司ESCOM的火力发电成本几乎是全世界最低的。由于火力发电污染严重，近年来，南非政府正吸引国内外资金投资开发风能、太阳能以及天然气等清洁能源。但是，清洁能源发电的成本较高。在南非境内，风力发电成本是火力发电成本的两倍多，其他绿色能源的发电成本也远远高于火力发电，因此，有自由选择权的消费者不可能花双倍的钱购买昂贵的新电能。为了解决这一问题，南非政府建立了"绿色电力交易机制"，由一家名为AMATOLA的机构负责把清洁电力推向市场。绿色电力交易机制下的消费者主要以一些高污染行业的国际企业为主。这些企业受国际上相关环境公约的限制，必须通过消费绿色电能等方式来弥补其造成的环境污染。绿色电能包括甘蔗渣发电、生物能等。由于制糖业兴盛，南非众多糖厂都开发了甘蔗渣发电项目，除了自给自足以外，还向国家电网输送电力。目前，甘蔗渣发电是所有可再生能源发电模式中成本最低的。专家预测，由于甘蔗渣发电的原材料价格几乎没有波动，其电力价格将来有可能比用煤炭和天然气发电还低。

（三）打造绿色发展模式

南非政府批准的《减缓气候变化长期情景（LTMS）》中已经明确指出：南非的温室气体排放总量到2020年至2025年将达到峰值，经过10年左右的平台期，从2035年开始下降。在2009年底哥本哈根气候大会召开前，南非政府又进一步宣布了具体的行动目标。为了实现减排目标，发展绿色经济，南非政府加大了在技术研究、开发与应用方面的投资，以提高资源利用效率、减少废物和污染、改进商品和服务。首先，通过技术发明可以开拓新的商业领域，特别是在减缓和适应气候变化方面，可以提供新的经济增长机会；其次，通过正确评估生态系统所提供的商品和服务价值，来建立一个功能健全的生态系统为经济和社会可持续发展奠定政策方面的基础；再次，政府倡导公众配合在资源利用、废物污染、能源效率、自然保护以及交通选择等方面的行为上作出改变；最后，要实现绿色经济要求的目标，政府必须加强政策和制度方面的协调，使各方都向着这一新的目标共同努力。

第三章 中国低碳经济的发展背景与政策支撑

本章主要讲述的是中国低碳经济的发展背景与政策支撑，主要从三方面进行具体论述，分别为中国低碳经济发展的目标与途径、中国低碳经济的发展战略和中国低碳经济的发展模式。

第一节 中国低碳经济发展的目标与途径

一、中国低碳经济发展的目标

（一）中国低碳经济发展的战略目标

可持续发展是中国低碳经济发展的战略目标。这个战略目标的实现受到外在国际环境、内部发展机制以及资源和生态环境的制约。中国发展低碳经济一方面要以与国际接轨为外部目标，另一方面要以实现国内的可持续发展为内部目标，同时需要注重营造可持续发展的环境。

1. 全球化对中国低碳经济发展提出了新的目标要求

中国在工业化进程中面临着如何快速实现工业化、城市化的发展难题。在中国融入全球化发展的过程中，全球化也对中国经济发展提出了目标要求。早在1979年，第一次世界气候大会上呼吁保护气候。1992年6月在巴西里约热内卢召开的联合国环境与发展大会上通过了《联合国气候变化框架公约》，截至2007年6月，已有192个国家在公约上签字，承诺将气候变暖作为威胁人类生存与发展的首要环境问题进行治理。1997年，第三次缔约国大会通过的《京都议定书》则提出了采用市场机制来解决环境问题的思路，首次为发达国家规定了具有约束力的减排目标，并引入了以联合履约、排放贸易和清洁发展机制为核心的"京都机制"。2007年12月，在印度尼西亚巴厘岛举行的联合国气候变化大会上通过了"巴厘岛路线图"，明确了气候变化谈判机制和时间表，而后2009年12月，在丹麦哥本哈根举行了缔约方第15次会议，但由于国家利益冲突严重，未获得具有约束力的文件。在此背景之下，转变经济增长方式，实现低能耗、低排放、低污染的发展已经成为国际共识，并有一定的约束力。

中国政府一直重视气候变化的国际沟通协作。中国于1998年签署并在2002年批准了《京都议定书》。2007年，中国公布了《中国应对气候变化国家方案》，提出了中期减排目标，即在2010年前，减少10亿吨温室气体排放，这个指标占《京都议定书》附件中所有国家在2012年前减排总量的1/5。为履行减排承诺，贯彻应对气候变化的方案，中国还成立了国家应对气候变化领导小组。良好的全球化氛围是中国实现可持续发展的外部环境之一。履行国际责任、兑现国际承诺、获得良好的国际认可是中国发展低碳经济的重要外部目标。

2. 实现经济增长方式转变

中国走低碳经济发展之路的根本动因在于中国自身发展的需要。随着中国经济的快速发展，中国正在成为"世界工厂"，然而资源、能源、环境生态逐渐对中国现有的经济增长方式带来了限制。中国传统制造业大量消耗煤、石油、天然气等化石燃料，一方面排放的大量温室气体破坏了人类的生存环境，另一方面化石能源有限的储量限制了经济的进一步发展，从而使中国的可持续发展难以为继。

2009年8月27日，全国人大常委会通过了"关于积极应对气候变化的决议"，指出中国在工业化的过程中必须"把建设资源节约型、环境友好型社会放在工业化、现代化发展战略的突出位置"，并"加强应对气候变化能力建设，为保护全球气候作出新贡献"。

要在资源和环境约束的条件下实现经济的可持续发展，必须改变以往高能耗、高污染的粗放型增长方式，发展清洁能源、可再生能源，这个改变是资源要素构成的转变，是经济发展模式的转变，根本目的是实现经济增长。从长远来看，中国发展低碳经济要服务于可持续发展这一目标。

3. 营造可持续发展的环境

在发展的过程中，人们已经逐渐认识到经济的发展最终是为了人类的福祉。然而人类的福祉不仅包括创造的物质财富，也包括人类自身的生活环境。环境作为一种"公共物品"也构成经济发展的要素。低碳经济的特征是大幅度降低碳的排放量，提高环境质量。为了使经济社会走上可持续发展之路，中国低碳经济的建设也必须以营造可持续发展的环境为目标。

（二）中国低碳经济发展的中间目标

低碳经济作为一种全新的经济模式，在实现经济增长禀赋上的要求与传统经济模式有所不同。为了实现低碳经济发展的长远目标，需要在发展低碳经济的过程中建立适合于低碳经济模式的体制架构，并健全制度保障，这些体制和制度一方面构成中国发展低碳经济的中间目标，另一方面又促进了低碳经济的发展。

1. 建立完善的产业结构体系

产业结构的调整是发展低碳经济的重要途径。由于发达国家钢铁产业、石化产业等高碳产业向发展中国家转移，中国制造业内部结构出现了重工业化和高度加工化的趋势，虽然在能源消耗和资源利用率方面已经朝着更高的方向发展，但其对能源和资源的消耗非常明显。因此，中国需要在全球制造业转移的过程中，利用技术进步促进第二产业结构升级，将技术进步贯穿于产业结构调整当中，提高科技贡献率，降低能源消耗。第三产业特别是信息产业和现代服务业，对资源的依赖和对环境的破坏比较小，而其在全球产业链的附加值较高，因此在发展低碳经济的过程中，提升第一产业，优化第二产业，积极发展第三产业势在必行。

低碳经济作为一种全新的经济增长方式，需要发挥更高的资源使用效率才能体现出其优势。良好的产业结构体系可以促使资源从低效率的部门转移到高效率的部门，促进相关产业向高能效的方向发展。发展低碳经济，实现产业结构从高碳向低碳转变，成为中国产业结构优化升级的一个重要方向。

2. 建立健全的"碳金融"体系

在市场经济环境下，市场对资源的配置是通过金融资本和实物结合来实现的。发展低碳经济离不开金融行业的支持。"碳金融"是一种新兴的金融活动，并没有明确的定义，其主要含义是与低碳相关的金融活动，包括与碳排放相关的投资和融资、碳指标的交易，以及与碳相关的金融衍生品的交易。在完备的碳金融体系下，一方面，公众以及社会上的各经济体可以更好地融入低碳经济这一模式中，从低碳经济的发展中受益，并提高自己的环境责任感和社会责任感；另一方面，健全的碳金融市场为投资者提供了更多的低碳经济交易机会,促进了低碳产品的市场流通,提升了资源配置的效率。

低碳经济相对传统经济更加依赖技术创新,而技术创新的高风险性成为制约低碳技术发展的因素之一。通过碳金融体系,既可实现碳排放权及其衍生产品的买卖交易以及投资和投机活动,也为低碳经济项目相关的投资活动、融资活动,以及相关的担保、咨询业务等活动提供了平台。繁荣的碳金融体系是低碳经济的重要特征,也是低碳经济发展的中间目标之一。

3. 构建公平的国际贸易体系

一方面,发达国家将高耗能、高污染、低附加值的制造业转移到发展中国家,使中国等发展中国家碳排放量上升;另一方面,发达国家以部分发展中国家碳排放过高、未实施碳减排限额等理由向来自这些发展中国家的商品征收碳关税。在这种国际贸易格局下,大量碳排放是由发达国家造成的,但其却将责任推卸给发展中国家,其实质是发达国家以"碳贸易保护主义"打击发展中国家贸易。

中国发展低碳经济,在缓解中国经济发展的资源和环境制约局面的同时,也顺应世界经济发展与环境保护的潮流,提高自身在国际碳排放中的对话权力,形成与发达国家平等的贸易地位。

4. 构建完备的碳相关的税收法规体系

为顺利实现从高碳经济向低碳经济的跨越,需要创立相关的政策和法规制度。这些法规包括引入气候变化税、能源税和碳税制度以及对燃烧产生二氧化碳的化石燃料开征国家碳税等多项税种及制度。

中国也加强了关于低碳经济的立法工作,建立了相关法律法规,以促进低碳经济的推行。2018年经过第二次修订的《中华人民共和国企业所得税法》,针对环境保护、节能节水、资源综合利用以及技术创新和科技进步等项目,制定了一系列的优惠政策,为中国在可持续发展、节能减耗、循环经济这些战略目标的实施方面提供了法律环境和税收减免的支持。2008年通过了《循环经济促进法》,明确提出各级财政部门将以专项资金的形式支持循环经济的发展,对相关产业给予税收优惠,鼓励进口节水、节能的技术设备而对能耗高、污染重的企业实施出口限制。这些法律法规为中国发展低碳经济提供了制度环境,因而政府要将建立完善的法律法规体系作为发展低碳经济的重要中间目标。

（三）中国低碳经济发展的直接目标

1. 节能减排

中国发展低碳经济最直接的目标就是节能减排。当前，中国处于城市化、工业化快速发展的时期，随着人口数量增加、居民消费结构升级以及基础设施建设的开展，中国对能源的需求不断增加。中国政府采取了一系列举措以提高能源利用率。

在中国能源消费结构中，煤炭比重超过2/3，低碳能源使用比例较低，而石油和天然气的二氧化碳排放系数平均仅为煤炭的80%和60%，因而中国经济发展中高碳特征非常明显。[①] 由于中国目前正在大力推进城市化和工业化建设，因此未来几年中国能源需求有增无减。

2. 寻找替代能源

中国发展低碳经济，在提高能源利用率、减少碳排放量的同时，也更加注重利用低碳能源、绿色能源、清洁能源和可再生能源来代替传统的高碳能源。低碳能源主要包括风能、太阳能、生物能源等。低碳经济需要替代能源的支持，中国目前正大力提倡自主创新，鼓励发展风力发电、光伏发电、生物技术、新材料技术等技术项目。

3. 倡导低碳消费和绿色消费，引导消费结构转变

低碳经济正在全球范围内引起经济和社会发展方式的巨大变革。这种变革不单指经济增长方式，也涉及生活方式和消费方式的变革。发展低碳经济，需要在降低能源消耗和提高能源利用率的同时，达到低碳消费和绿色消费的目标。低碳消费和绿色消费是以适度节制消费、避免或减少对环境的破坏、保护生态环境、提高能源使用率等为特征的可持续的消费。中国也在提倡低碳消费的生活模式。居民与碳排放相关的活动无处不在，如，乘坐机动车、使用天然气取暖做饭等。低碳消费可以大大减少生活中的碳排放量，是发展低碳经济的重要目标。

4. 建立有效的碳交易平台

随着二氧化碳排放权的明晰、碳排放具体标准的提出以及测量标准的量化，衍生出了"碳资产"这一概念，全球二氧化碳排放权的交易逐渐发展起来。碳排放对环境造成的影响本来就具有类似公共物品的性质，碳交易正是通过市场

---

① 李慧凤. 中国低碳经济发展模式研究[J]. 金融与经济, 2010 (05)：40-42.

机制达到遏制碳排放的目的。在全球范围内，主要发达国家大都正在尝试碳交易市场，并为其国内清洁发展机制（CDM）项目构建交易平台。中国部分地区也开始了相关探索。通过建立碳交易市场，一方面，可以使低碳项目研究开发获得更为广泛的融资机会；另一方面，碳排放构成了企业的成本，使企业有更大的激励机制开展节能减排活动。完备的碳交易市场是中国低碳经济发展的重要目标之一。

二、中国低碳经济发展的途径

（一）制定低碳经济发展战略

中国要将发展低碳经济纳入国家发展战略。低碳经济是继工业化、信息化之后的第三次技术革命，为了能够早日实现中等发达国家目标，中国要在此次技术革命中早行动、早参与，积极发挥中国作为世界性大国的作用。

（二）发展低碳产业

产业结构的调整是发展低碳经济的重要途径。根据中国当前的情况来看，由于中国经济的主体是第二产业，因此工业是中国能源消耗的主要部门，特别是重化工业比重偏高，而低能耗的第三产业和服务业比重偏低，发展滞后。统计资料显示，从2001年到2007年，中国能源强度从4.21吨标准煤/万元增加到4.77吨标准煤/万元，能耗水平不断上升[1]。可见，实现产业结构从高碳向低碳转变，成为中国产业结构优化升级的又一个重要方向。当然，中国不同产业的调整方向是不同的。需要重点发展的产业，如通信设备、计算机及其他电子设备制造业、废弃资源和废旧材料回收加工业；需要大力发展的产业，如金融保险业、社会服务业、科学研究业、卫生体育和社会福利业等；需要限制发展的产业，如金属矿采选业、造纸印刷及文教用品制造业、燃气生产和供应业、石油加工炼焦及核燃料加工业、非金属矿采选业、石油和天然气开采业。产业结构调整应侧重发展知识密集型和技术密集型产业，如信息产业和现代服务业。特别是现代服务业，我们不仅要加强吸收引进的能力，更要加强转化的能力，实现自我更新、自我创造，实现由"中国制造"转变为"中国创造"。尽量减少中间制造环节的能耗、物耗

---

[1] 王克群. 积极发展低碳经济和循环经济 [J]. 当代经济，2009（21）：10-11.

和污染。另外，在调整产业结构上，还应特别注意外来高碳产业的转移。由于中国廉价的劳动力、廉价的租金等因素，很多发达国家通过跨国公司或者直接在中国建厂等方式，将他们国家的高能耗、高污染、高碳的落后产业转移到中国，这些产业的转移大大违背了中国发展低碳产业的理念。因此，对于这些产业转移，我们应该提高市场准入门槛。优化产业结构，积极发展低碳产业对中国未来经济发展具有举足轻重的战略意义。

1. 低碳农业

现代农业发展的支柱是化肥和农药，但是现在，化肥和农药的弊端已经被人们清楚地认识，不仅有高污染的弊端（影响土壤的有机构成，农作物的农药残留影响食品安全），也有着高能耗的弱点，其生产过程消耗大量化石能源，从而排放大量的二氧化碳。因此，现代农业是建立在化肥和农药对化石能源大量消耗的基础之上，可以称之为"高碳农业"。相比而言，发展低碳农业的途径有：一是大幅度地减少对化肥和农药的依赖，降低使用量，发展有机生态农业。例如，加大使用粪肥和堆肥，提高土壤的有机质含量，采取秸秆还田的措施，增加土壤的养分，减少风蚀、水蚀，提高土壤的生产力，引入深、中耕作物间歇轮作的方式，培养蛆酵和微生物共同熟化深层的土壤，增强农作物根系的营养能力。二是充分合理利用农业生产的剩余能量。例如，农业中的剩余能量包括农作物收割后的秸秆，其中 70% 以上的纤维素、木质素等得不到利用，用燃烧方式处理秸秆时，释放出的有害气体严重污染环境。为了充分利用农作物秸秆中的剩余能量，需要探索各种新的处理途径，如用作饲料、肥料、培养料。也可以采用秸秆气化技术、发酵技术，生产出气体或液体燃料。三是在农村推广太阳能和沼气技术。普及太阳能集热器，降低化石能源在农业中的使用程度；利用畜牧粪便、各种农作物收获后残留物来开发沼气，获得生物质能。

2. 低碳工业

低碳工业本质是能源高效利用、清洁能源开发、绿色发展的问题，核心是能源技术及减排技术的创新、产业结构及制度的创新，以及人类生存发展观念的根本性转变。传统工业的发展伴随着化石燃料能源的巨大消耗，其显著特点就是能源结构的高碳化。高碳工业发展逐渐陷入困境，不仅是因为化石能源资源的不可再生性，更重要的是大量的二氧化碳排放引发了温室效应，将严重影响人类的生存环境。从高碳工业向低碳工业逐渐转型，需要一个漫长的时期，这是因为传统高碳工业的体系由于历史原因是庞大而又稳固的，其对化石能源的依赖在短期是不可动摇的，虽然可再生能源（太阳能、风能、水能、生物质能、沼气、核能等）的开发取得了很大的进展。目前，虽然在一些生产、生活领域里，众多低碳能源或无碳能源正慢慢地取代化石能源的地位，但是，由于许多因素，这些能源利用达到全面产业化、规模化和商业化的应用水平还有很大的距离。因为低碳工业必须在低碳或无碳能源基础之上发展，而建设新能源的基础设施却需要大规模的资金投入和较长的建设周期，因此，在未来较长的时间内，传统的能源结构也很难有根本性的改变。所以应该统筹结合，在重视研究新能源应用的同时，还应该把调整能源结构与提高能源效率相联系，使用低碳技术、节能技术和减排技术改造传统工业，减少对化石能源的过度依赖，努力增强能源体系的整体效率，开发和引入低碳产业及产品，限制和淘汰高碳产业及产品。同时，政府要制定税收政策，限制与高碳排放相关的能源、工业、产品的生产和使用，针对低碳工业实施优惠鼓励的政策。

（三）发展低碳技术

节能减排、降低碳强度、低碳能源的开发和低碳产业的形成都最终依赖于低碳技术的开发应用。中国要落实《国家中长期科学和技术发展规划纲要》的总体要求，对低碳技术研发及时进行超前部署，充分发挥科技对经济的引领作用，加快构建支持中国低碳经济发展的技术体系。根据中国国情，增强本国的技术吸收能力和自主创新能力，尤其要根植于以煤为主的国内能源资源基础和立足于形势严峻的环境污染现状，放眼中长期国家能源环境战略的发展及其面临的挑战，实现煤炭清洁利用关键技术的突破和产业发展，提高终端用能效率，建立低碳示范电站，促进低碳技术的研发和大规模商业化推广，降低新电站的排放标准，大力开发下一代电力生产技术。科技的竞争归根到底是人才的竞争，因此，要加强人才的培养，建立适当的人才激励机制，实现低碳技术人员和管理人员技术入股、管理要素入股、成果入股，采取期权、期股等长期激励机制，使低碳技术人才和管理者的薪酬与他们的工作绩效、工作成果挂钩，激励技术人才和管理者开发和推广低碳技术的积极性。大力开展有关低碳技术的基础性研究工作，增强相关的科研能力，切实加大对适合中国低碳发展道路的技术研究和开发力度。要从战略上高度重视低碳技术创新，瞄准低碳能源技术，积极开展研究开发和示范工作，把可再生能源、先进核能、碳捕集和封存等先进低碳技术作为提升国家技术竞争力的核心内容，列入国家和地区科技发展规划。加大对低碳和零碳技术的研发和产业化投入，大力推动相关技术创新，这不仅需要政府的公共支持，大量的NGO（非政府组织）组织也要加大对技术的投入力度，中国目前技术研发支持组织主要有：清洁发展机制基金（国有性质）和中国绿色碳基金（民间组织），但是这两个基金都主要投入碳汇项目，缺乏对低碳技术研发和技术商业化的支持。提高化石能源价格，让化石能源价格反映环境和资源成本。化石能源价格的提高一方面可以减少对于化石能源的消费需求，减少能耗和温室气体排放；另一方面产生替代效应，化石能源价格上升，替代性可再生能源价格相对降低，居民和企业相应增加可再生能源的消费，减少化石能源的消费，由于成本上升，企业会积极开发新技术，提高能源利用效率，减少单位产值耗能，减少单位耗能温室气体排放量，同时能源价格上升，有利于培养消费者低碳消费理念，认识到能源枯竭的危机感。充分利用国际低碳技术资源，积极推进国际低碳技术转移。根据《京都议定书》的规定，碳排放权交易主要有3种机制，其中的清洁发展机制就是鼓励发达国家提供资金和技术，利用发展中国家节能减排的成本优势，帮助发展中国家降低温室气体排放量，并且减排数量经过专业机构认证之后，抵减发达国家减排任务。中国应该大力推动清洁发展机制，积极引进国际先进低碳技术，注重对引进的先进技术的消化吸收。中国企业非常重视对先进技术的引进，但是没有投入足够资金消化吸收国外技术，虽然引进了先进技术，但是没有形成技术创新能力，企业不断引进技术，最终形成技术依赖，缺乏自主研发和创新能力。我们应该将低碳技术创新、市场、营销相结合，市场是低碳技术的试金石，只有将低碳技术与市场相结合，才能将低碳技术最终转化为现实生产力，在技术创新和研发阶段，树立市场意识，根据市场需求确立技术研发方向，确保获得丰厚的经济利益，防止科技资源的浪费。低碳技术属于高新技术领域，具有高新技术普遍具有的特点，即先期资金、设备、人才投入巨大，研发周期长，研发期间没有稳定现金流收入，技术最终可能不被市场接受，风险巨大，一旦技术成熟并被市场接受，收益丰厚。由于低碳技术的种种特点，很多企业没有足够的动力和财力去从事技术研发，这就需要风险投资机构支持低碳技术研发，由其承担低碳技术研发、产业化过程中的风险，并享有技术成功之后的巨大收益。

（四）促进节能减排

节能减排目标的实现，必须有相关配套改革的不断深化，健全法制、改革举证制度，加大执法力度，实现主要依靠"领导重视、狠抓落实"的"人治"框架向主要依靠法律和制度的"法治"框架的转变，同时要减少劳动市场、金融外汇市场的扭曲，改变地方政府最大化目标和外部约束条件，实现经济生态良性循环。

（五）建立碳汇体系

碳汇（carbon sink）一般是指生物体及土壤等从大气中吸收或固定二氧化碳的过程、活动和机制。林业碳汇是指森林等植被吸收大气中的二氧化碳，并将其固定在植被中或森林土壤中，从而减少二氧化碳在大气中的浓度。简单一句话，就是对大气中的二氧化碳的固定或吸收。碳源（carbon source）一般是指生物体或人为活动向大气中释放二氧化碳的过程、活动和机制，如，生物体生命活动排放二氧化碳，人们的活动行为，如工业、汽车等排放二氧化碳。碳汇经济是指由碳源、碳汇相互关系及变化所形成的对社会经济及生态环境影响的经济，即碳资源的节约与经济、社会、生态效益的提高。一种生物体（森林，既是碳源也是碳汇），由于碳汇能力大于碳源能力，所以一般叫林业碳汇或森林碳汇。

森林碳汇交易是经由计划指导规范的市场行为，应该充分发挥其对林业的补偿作用，逐步建立健全各种资金管理制度，还要确立相关法律及监督机制，针对森林碳汇交易市场进行有效规范管理，促使非政府组织积极参与，促进发展森林碳汇交易市场。有关森林碳汇计量标准和进行碳汇交易的政策法规，政府应该在研究的基础上加快制定、颁布和实施，开发森林碳汇交易市场，加速国内"二氧化碳排放权"交易。森林资源的权属关系与流转关系可以运用法律机制来协调，促进有效的森林资源物权法的确立和施行，在实现森林碳汇交易顺利进行的同时，保障森林资源的通顺流转。要加强林业方面的培训，主管部门要科学指导，可以通过增加森林物种数量，对现有森林提高其经营强度、减少森林采伐量、扩大人工速生林面积等方式来增加森林碳汇，以此达到森林碳信用的可持续增长。政府应加强林业宣传，使全社会了解森林在减缓温室效应中所起的重要作用，促使全社会积极参与维护森林的保护活动，保障国家生态安全建设乃至全球生态安全。

第二节　中国低碳经济的发展战略

发展低碳经济已成为全球共识，同时也符合中国的国家利益，节能减排和低碳发展是中国发展的必然选择。

一、中国发展低碳经济的必要性与紧迫性

（一）我国人均能源资源拥有量不高

我国人均能源资源探明量仅相当于世界人均水平的51%。中国拥有居世界第1位的水能资源，第3位的煤炭探明储量，第11位的石油探明储量。已探明的常规商品能源总量为1550亿吨标准煤（Btce），占世界总量的10.7%。但中国人均能源资源探明量只有135吨标准煤，相当于世界人均量的51%，其中，煤、石油和天然气分别为世界人均的70%、11%和4%；即使水能资源，按人均量也低于世界人均量。以煤为主的能源结构在碳排放强度方面又是特别不利的[①]。这种先天不足再加上后天的粗放利用，从客观上要求我们发展低碳经济。

（二）碳排放总量突出

按照联合国通用的公式计算，碳排放总量实际上是4个因素的乘积：人口数量、人均GDP、单位GDP的能耗量（能源强度）、单位能耗产生的碳排放（碳强度）。我国人口众多，经济增长快速，能源消耗巨大，碳排放总量不可避免地逐年增大，其中还包含着出口产品的大量"内涵能源"。"内涵能源"是指产品上游加工、制造、运输等全过程所消耗的总能源。鉴于中国当前的经贸结构，必然存在巨大的"内涵能源"出口净值。据2007年由英国政府资助廷德尔气候变化研究中心的研究，中国2004年净出口产品排放的CO_2约为11亿吨[②]。中国社科院平行研究得出数值为超过10亿吨，两者不谋而合。这表明，中国的一次能源消费及产生的温室气体中，约有1/4是由出口产品造成的。中国社科院研究的支持者、

[①] 张坤民. 低碳世界中的中国：地位、挑战与战略 [J]. 中国人口·资源与环境，2008（03）：1-7.
[②] 李慧凤. 中国低碳经济发展模式研究 [J]. 金融与经济，2010（05）：40-42.

世界自然基金会（中国）的首席代表欧达梦指出："这些数据证明了，那些享受中国制造商品的发达国家，对中国能源和排放的快速增长也负有很大责任，一味指责中国的排放是不公平的。"[①]我们靠高碳路径生产廉价产品出口，却背上了碳排放总量大的"黑锅"。在一些发达国家将应对气候变化当作一个国际政治问题之后，中国发展低碳经济意义尤为重大。

（三）"锁定效应"的影响

在事物发展过程中，人们对初始路径和规则的选择具有依赖性，一旦作出选择，就很难改弦易辙，以致在演进过程中进入一种类似于"锁定"的状态，这种现象简称"锁定效应"。工业革命以来，各国经济社会发展形成了对化石能源技术的严重依赖，其程度也随各国的能源消费政策而异。发达国家在后工业化时期，一些重化工等高碳产业和技术不断通过国际投资贸易渠道向发展中国家转移。中国倘若继续沿用传统技术，发展高碳产业，未来需要达成温室气体定量减排或限排义务时，就可能被这些高碳产业设施所"锁定"。因此，中国在现代化建设过程中，需要认清形势，及早筹划，把握好碳预算，避免高碳产业和消费的锁定，努力使整个社会的生产消费系统摆脱对化石能源的过度依赖。

二、中国向低碳经济的转型

（一）构思可持续发展的能源对策框架

早在1992年8月，联合国环境与发展会议结束2个月后，中国发布了《中国环境与发展十大对策》，第4条对策是"提高能源利用效率，改善能源结构"，具体内容为：履行气候公约，控制二氧化碳排放，减轻大气污染，最有效的措施是节约能源。目前，我国单位产品能耗高，节能潜力很大。因此，要提高全民节能意识，落实节能措施，逐步改变能源价格体系，实行煤炭以质定价，扩大质量差价，加快电力建设，提高煤炭转换成电能的比重，发展大机组，淘汰、改造中低压机组以节能降耗，实现能源部规划的"2000年全国供电煤耗每千瓦时比1990年降低60克"的目标，逐步提高煤炭洗选加工比例，鼓励城市发展煤气和

---

① 陈迎，潘家华，谢来辉. 中国外贸进出口商品中的内涵能源及其政策含义[J]. 经济研究，2008（07）：11-25.

天然气以及集中供热、热电联产，并把优质煤优先供应给城市民用。要逐步改变我国以煤为主的能源结构，加快水电、核电的建设，因地制宜地开发和推广太阳能、风能、地热能、潮汐能、生物质能等清洁能源。1994年3月，国务院常务会议讨论通过的《中国21世纪议程——中国21世纪人口、环境与发展白皮书》，其中第13章"可持续的能源生产和消费"设置了4个方案领域：①综合能源规划与管理；②提高能源效率和节能；③推广少污染的煤炭开采技术和清洁煤技术；④开发利用新能源和可再生能源。

（二）持续节能减排

节约能源是中国缓解资源约束的现实选择。中国坚持政府为主导、市场为基础、企业为主体，在全社会共同参与下，全面推进节能，明确了"十一五"期间节能20%的目标。主要措施是：推进结构调整，加强工业节能，实施节能工程，加强管理节能，倡导社会节能。这些措施的节能效果显著。1980—2006年，中国能源消费以年均5.6%的增长支撑了国民经济年均9.8%的增长。按2005年的价格，单位GDP能源消耗由1980年的3.39吨标准煤下降到2006年的1.21吨标准煤，年均节能率3.9%，扭转了近年来单位GDP能源消耗上升的势头。能源加工、转换、贮运和终端利用综合效率为33%，比1980年提高了8%[①]。单位产品能耗明显下降，其中钢、水泥、大型合成氨等产品的综合能耗及供电煤耗与国际先进水平的差距不断缩小。

2007年是节能减排政策组合出台的关键年，国家采取了一系列引人注目的举措。除了全国统一行动拆毁所有燃煤小电厂和积极推动有效开发利用煤层气（瓦斯）外，上半年取消了553项高污染、高耗能和资源性产品的出口退税，下半年，先后出台了天然气、煤炭产业政策，以推动能源产业结构优化升级，优化能源使用结构。从12月1日起，实施新修订的《外商投资产业指导目录》，明确限制或禁止高污染、高能耗、消耗资源型外资项目准入，同时进一步鼓励外资进入循环经济、可再生能源等产业。中央财政在2007年安排235亿元用于支持节能减排，力度之大，前所未有。同时，建筑物强制节能、家用电器节能标准等也正在逐步进入实施阶段。

---

① 中国政府网. 中国的能源状况与政策[EB/OL]. （2007-12-26）[2023-01-14]. http://www.gov.cn/zwgk/2007-12/26/content_844159.htm.

（三）高度重视全球气候变化

中国在应对气候变化方面一直是负责任的一员。2006年12月，中国发布《气候变化国家评估报告》，该报告包括3部分：中国气候变化的科学基础，气候变化的影响与适应对策，气候变化的社会经济评价。该报告明确提出："积极发展可再生能源技术和先进核能技术，以及高效、洁净、低碳排放的煤炭利用技术，优化能源结构，减少能源消费的CO_2排放""保护生态环境并增加碳吸收汇，走低碳经济的发展道路。"①

2007年6月发布《应对气候变化国家方案》，方案记述了气候变化的影响及中国将采取的政策手段框架，包括：转变经济增长方式，调节经济结构和能源结构，控制人口增长，开发新能源和可再生能源以及节能新技术，推进碳汇技术和其他适应技术等。科技部会同其他13个部门于2007年6月联合发布《应对气候变化科技专项行动》以落实上述国家方案。明确其重要任务为：气候变化的科学问题，控制温室气体排放和减缓气候变化的技术开发，适应气候变化的技术和措施，应对气候变化的重大战略与政策。

同时，未来新能源的研发也在加快步伐。例如，同济大学研制的第4代燃料电池汽车已于2007年亮相。氢燃料电池自行车也在上海上市，该车现售2万元，大量生产后，可降低至4000元，比目前的铅蓄电池电动车更有竞争力②。

三、中国低碳经济的发展战略

（一）始终立足于国情，分步实施，有序推进

发展低碳经济是一种经济发展模式的创新选择，意味着能源结构的调整、产业结构的调整以及技术的革新，是中国走可持续发展道路的重要途径。国际上先进科学的发展低碳经济的成功经验和有益做法我们应当积极借鉴。在目前及今后的节能减排工作中，相关部门应该结合国情，有序地、分阶段地、有重点地、有目标地积极推进低碳经济。推进低碳经济的相关政策和制度安排应该逐步纳入国

---

① 挂云帆. 中国经济发展的两大制约因素[EB/OL]. （2021-06-06）[2023-01-12]. https：//www. guayunfan. com/baike/200618. html.
② 挂云帆. 生态经济的概念[EB/OL]. （2021-06-06）[2023-01-12]. https：//www. guayunfan. com/baike/200612. html.

家的发展规划和政策法律体系中，循序渐进，使基础设施的正常更新在可承受范围内，避免对经济带来较大的冲击。节约能源、防治污染和减排温室气体之间的政策和措施存在着明显的相互促进、相互支持的关系，因此，应该把发展低碳经济作为完成节能减排任务和生态文明建设的一个突破口。节能应当是我国长期优先坚持的战略，要将节能减排作为新的生产和消费增长点。

（二）构建和形成发展低碳经济的国家战略框架和社会行动体系

目前，低碳经济已经得到了国际社会的广泛认同。低碳经济呈加速发展的态势，已经成为新一轮的国际竞争。中国推动社会经济朝着低碳方向转型，已经不再是可有可无的选择，而是实现可持续发展的必然需要。中国的长期发展战略要积极地借鉴、吸收、消化低碳经济的发展理念，要在我国已有的应对全球气候变化的国家方案、行动规划、方针措施的基础上，加快实施低碳经济发展的国家战略部署，及早开展各项相关行动，必须使发展低碳经济成为国家发展战略的导向、政策、意愿；实现低碳经济、节能降耗，无论是法律法规、政策环境，还是技术发展，都必须有政府的强力推动和政策的倾斜。

作者认为，建设"低碳中国"，应向社会大众表明政府联合全社会一起实现低排放或零排放的决心和勇气。在中国发展低碳经济，国家和政府应该反应敏捷、超前认识、超前谋划、积极应对、行动适时，特别是对于发展低碳经济应建立长效机制和科学的制度安排，使中国在国家层面、企业层面、社会层面和公众层面，实现"经济活动低碳化—低碳活动企业化—低碳技术创新化—低碳模式制度化—低碳参与公众化—低碳体制社会化—低碳合作国际化—低碳文明生态化"。

（三）优化能源结构，大力发展替代能源和可再生能源

低碳经济的实现形式是合理调整能源结构，优化能源利用方式，提高能源利用效率，积极开发替代能源和可再生能源。在短期，我国应把节能和煤炭的清洁利用作为重点，不断提高能源的利用效率，加快新能源、可再生能源、低碳和固碳技术的研发；在中期，要大幅提高可再生能源的比重，推进氢燃料电池等新能源技术以及碳收集和埋存技术的应用；更长远看，建立以可再生能源、洁净煤、先进核能等为主体的可持续能源体系。除了节约能源、提高能效外，还必须加快开发清洁的替代能源，尤其是战略性地提高可再生能源的消费比重，向"低碳富

氢"的方向发展。尤其是应减少地下含碳能源的开采，大力开发太阳能、水能、风能、核能、地热能等新能源。发展替代能源要按照以新能源替代传统能源、以优势能源替代稀缺能源、以可再生能源替代化石能源的思路，逐步提高替代能源在能源结构中的比重。今后优质能源发展空间包括将核电作为主要的发展能源，把天然气作为能源调整的重要部分，坚定地发展水电技术，在分析技术、经济和可行性的前提下积极稳妥地发展其他可再生能源。

以发展低碳经济为契机来解决我国能源问题，根本出路是坚持开发与节约并举、节约优先的方针，大力推进节能降耗，提高能源利用效率。通过大力调整产业结构、推动服务业加快发展、积极调整工业结构、优化用能结构，加快构建节能型产业体系。要强化工业节能，推进建筑节能，加强交通运输节能，引导商业和民用节能，推动政府机构节能。特别要注意全面推进农业和农村节能减排工作，力求提高能源利用效率，减少污染物排放，推进废弃物能源化、资源化利用，走中国特色的生物质能源发展道路。

（四）积极研发低碳技术，形成低碳技术体系

中国发展低碳经济必须注重科技创新和先进低碳技术的推广，同时保护知识产权。应高度重视能效提高技术和低碳技术的战略意义。通过推广和应用新型低碳经济技术的方式，引领中国向新型低碳经济发展。中国不仅需要大力发展先进低碳技术，更要注重科技创新和低碳技术在其他行业中的应用，以实现整个国民经济的低碳化。

中国应当重点研究减缓温室气体排放技术，其中包括：节能和提高能效技术，可再生能源和新能源技术，主要行业二氧化碳和甲烷等温室气体的排放控制与处置利用技术，生物与工程固碳技术，煤炭、石油和天然气的清洁、高效开发和利用技术，先进煤电、核电等重大能源装备制造技术，二氧化碳捕集、利用与封存技术，农业和土地利用方式控制温室气体排放技术等。

大力发展包括清洁煤和可再生能源在内的先进低碳技术是节能减排最为关键的因素。中国需要通过自主创新和国际技术合作与转让，争取尽快掌握和推广低碳技术，保障能源供应安全和控制温室气体排放。鼓励推广包括风能、太阳能和生物能源技术在内的"低碳能源"技术。广泛应用于清洁燃料交通工具、节能型建筑、环保型农业等领域的低碳技术，既具有广阔应用前景、技术转移、设备制造和相关服务，又可成为未来新的经济增长点。

应对气候变化所推动的低碳技术和产业的新兴与发展，将成为未来工商企业发展的大趋势，企业应当前瞻性地认识这一全球趋势带来的重大变革，因为未来的经济必定是低碳经济，未来的竞争必定是低碳经济之间的竞争。"碳排放"将成为今后重要的国际战略资源。过去和现在是争夺土地、石油、煤炭、矿产等，将来就会争夺碳排放权。为此，要赢得未来的竞争，中国政府和企业应该充分考虑对低碳技术进行战略投资，规模化应用低碳技术，抢得先机，提高公众形象，紧密研究和跟踪气候变化的国际制度发展，争取发言权，争取自己的主张能够在国际制度和国家政策中得到体现，针对可能制定的国际制度和国家政策、超前作出企业部署，抓住CDM（清洁生产）项目机遇，发展低碳技术，尽早实现技术升级，利用技术转让机制，加快实现跨越式技术发展。

（五）制定清晰的政策目标，依托和整合现有政策体系和手段

发展低碳经济必须有清晰的政策目标并传递成价格信号，可以促使企业和个人都积极融入低碳经济的框架中来，长期的政策目标也可以给企业以信号和坚持低碳模式的信心。我国应制定与可持续发展的总体方案保持一致的新的能源政策，还应做好长期投资的准备。作者认为，应该发挥市场主导作用，还要通过多种政策工具的协同作用向企业发出明确的信号，并通过多种方式帮助企业决策者从更全面、更广阔的视角来认识气候变化带来的挑战和机遇。

第三节　中国低碳经济的发展模式

低碳经济发展模式是以低碳经济理论为基础，以应用于实践为特征的经济发展模式，通过组织经济活动，以低碳型新经济模式来重塑传统经济发展模式。它具有低能耗、低排放、高效能等特征，以低碳为导向，以节能减排为发展模式，它的开发途径为碳中和技术。

第一，低碳经济发展的方式是节能减排。总的说来，降低能源生产及消费负面影响的主要手段：一方面是减少能源的消耗，这属于节约能源的范畴；另一方面是增加可再生能源及清洁能源的使用，这属于减少温室气体排放的范畴。节能

就是在保持原来等效的经济产出的基础上，尽可能地减少能源消耗量，或者是以原来等量的能源消耗量，得到比原来更多的经济产出。

第二，低碳经济发展的方法是碳中和技术。低碳经济的重点是减少温室气体排放的规模，政府间气候变化专家委员会（Intergovernmental Panel on Climate Change，IPCC）认为低碳或无碳技术的研发规模和速度可以决定未来碳排放的规模。低碳或无碳技术也被称为碳中和技术。1997年，英国的未来森林公司提出了"碳中和"这个概念，指先统计区域二氧化碳排放总量，再通过各种不相同的方法，如碳汇的增加、吸收或者抵消排放量等，从而最终实现对环境的有效保护。目前，除了增加碳汇外，各种碳中和技术仍处于研发阶段，从技术经济角度来看，还有许多应用难点需要突破，离全面推广还有很大距离。

分析完低碳经济发展的方向、方式和方法，需要制定具体的发展规划。我们建议根据低碳经济发展初期、中期和后期所面临的具体经济环境来制订不同的规划，注重规划的落实性。

一、自上而下发展模式

自上而下的发展模式是以限制高耗能产业的发展以及推动低碳经济的发展为目的的发展模式，由中央政府负责组织建立推动低碳经济发展的市场体系、法律法规以及政策。为了应对日益严峻的能源供求问题和气候变化问题，为了国家与世界的可持续发展要求，低碳经济的建立与发展充满紧迫性。而且低碳经济的发展作为一个长期的过程，要求每个国家都能够有效发挥政府主导作用，树立全面协调以及积极推进的战略大局观念，全面考量，认真制定有效措施，满足低碳经济建设和可持续发展的要求。所以，政府应该在低碳经济发展的初期和推进阶段起到主导的作用。中央政府主导建立有利于低碳经济发展的市场体系、法律法规以及政策，为低碳经济的发展提供有利的金融、法律和政治环境。政府主导作用不仅在于营造适合低碳经济发展的环境，也能起到引导社会树立低碳环保发展的意识、鼓励企业开展低碳产业以及推动民众形成低碳消费生活方式的作用。

二、自下而上发展模式

自下而上的发展模式是指以生产性企业和消费者为主体的推进模式。企业实施节能减排，发展低碳经济的动力机制包括以下几个方面：企业不能简单地谋求短期利益，必须按照相关的法律法规，依法经营；必须主动实施清洁生产、降低单位能耗。消费者实施低碳消费的动力机制在于，一是受社会道德的约束，发展低碳经济，实施低碳消费不仅仅是一种个人行为，更是一种社会行为，有良知和社会道德的公民都应该主动减少奢侈消费、高碳消费，倡导并宣传低碳消费；二是受国家法律、法规的约束，虽然目前国家没有制定相应的约束性条款，但是，相信不久的将来，针对特殊的居民消费领域，政府有关部门将会出台相关的约束性条款，通过强制实施低碳消费，减少温室气体排放，促进低碳城市和低碳社会建设。

三、治理型发展模式

治理型发展模式也是一种自下而上的发展模式，是由非政府组织出面，社会团体、企业以及政府三方参与，对能源结构进行合理的调整与科学的发展，从而快速推动碳减排和经济发展。在治理型发展中，市场机制起决定性作用，并且政府组织和个人起到了不可忽视的重要作用。治理型的发展模式，既能切实将市场主导作用发挥出来，又可以加强民间对环境的保护，同时还可以进一步了解低碳经济和低碳社会，由此加快建设低碳经济和低碳社会的步伐。政府采取各种有效的政策手段，促进低碳经济的快速发展，同时推动非政府社会团体和个人共同参与碳减排，以及建设低碳经济的不同类型活动，通过这些方式实现我国从传统粗放型的增长模式向集约型的增长模式转变，推动着我国低碳经济快速健康发展。实际上，这一发展模式更适合在低碳经济发展中后期进行，那时公众意识、公民社会、产业结构等水平都达到较高标准。正如前文中提到，无论是自上而下还是以自下而上的发展模式，对其发生的条件和作用机制都有不同的要求，因此，必须深刻认识到两种模式的优劣，根据不同的发展阶段，采用具体问题具体分析的方式选择合适的发展模式。

综合起来对比，这 3 种发展模式各有其优缺点。由上而下的发展模式虽然具有高效的特性，在加速推动低碳经济发展的同时，也加快低碳社会构建的步伐，但这一格局也容易引发诸多问题，如，并未对现实进行具体的分析，草率规划社会经济发展的计划，脱离了客观实际，不仅无法促进低碳经济的发展，还影响着经济和社会的发展。自下而上的发展模式能够有效地调动企业和居民的积极性，使其参与发展低碳经济，但是这种发展模式往往缺乏体系，是一种缺乏系统组织的自发的模式，推进发展低碳经济的效率较低。治理型发展模式能够有效避免政策制定与现实的脱离，也能将各利益相关主体的主动性和创造性充分调动起来，但其也存在着弱点，如，效率与自上而下的模式相比要低。通过治理型发展模式使低碳经济的发展给予经济、社会、环境和资源等长远利益，使其被包括社会团体、企业、公民个人等非政府主体广泛意识到，并能牺牲其部分短期的眼前利益，积极参与到促进碳的减排、共同建设低碳社会的经济活动中来。

对于低碳经济发展模式的选择，必须充分考虑低碳经济的发展阶段，如在低碳经济发展初期，由于缺乏足够的资金投入、单单依靠企业和居民的自主行为是不够的，这就需要采取以政府为主导的自上而下的模式。在低碳经济发展的过程中，需要充分调动各方面的积极性，自下而上发展模式和治理型发展模式更能提升低碳经济发展效率，有利于低碳经济发展目标的实现。

第四章 中国循环经济的政策支撑与发展模式

本章讲述的是中国循环经济的政策支撑与发展模式，主要从两方面展开论述，分别为中国循环经济发展的政策支撑和中国循环经济发展的发展模式。

第一节 中国循环经济发展的政策支撑

本章通过构建政策矩阵的方法，对促进中国循环经济发展的重点经济政策进行了分析和识别。通过研究循环经济主体的利益关系，对重构相关经济活动的成本—价格体系进行了分析，提出了提高循环经济优势的建议。通过可计算的一般均衡模型（CGE）对重点经济政策进行定量分析，在此基础上，提出促进循环经济发展的重点经济政策建议。

需要说明的是，直接管制型的政策手段已经在2008年8月审议通过的《循环经济促进法》中作出明确规定，世界银行对此项目也给予了支持。因此，行政管理手段将不是本章的重点，本章将着重研究促进循环经济发展的重点综合性经济政策，以便提高循环经济的经济可行性和市场驱动力。这些政策的设立，旨在通过价格、税收等经济手段构建循环经济发展的利益机制，为循环经济相关主体提供基于市场机制的经济动力，避免目前循环经济实践中存在的"循环"不"经济"和"经济"不"循环"的问题。

一、促进中国循环经济发展的重点经济政策识别

发展循环经济的主要目标有两个，分别是：努力将资源的利用效率提高，构建资源节约型社会；切实保护生态环境，构建环境友好型社会。从技术角度看，发展循环经济所面临的问题主要在于如何实现"减量化"和"再利用"两个环节，这两个环节都离不开科学技术的支撑。站在经济的层面来看，在发展循环经济的

过程之中，一定要严格按照市场规律办事，最终对经济的可持续发展是有好处的，如若没有做到这一点，就只能停留在试点的层次上。从环境保护和生态安全角度考虑，循环经济又有其特殊之处，即要求建立起一套完整的循环经济法制体系和有效的政策措施。循环经济并不只是对废弃物进行简单的循环利用，它将生产和消费各个领域涵盖其中，涉及资源开采、生产利用等环节。所以，循环经济政策发挥作用的环节要从生产和消费这两个方面着手。在政策手段上，我国发展循环经济的政策表现为方针性和工具性相结合。

方针性政策在中央政府中具有纲领性、目标性，为循环经济发展奠定了重要的思想基础，同时指明目标方向。这样的政策有指导性的政策文件，如《国务院关于推进循环经济发展意见》等。在我国目前情况下，这些方针性政策属于非约束性政策，其作用在于规范企业生产经营活动，引导市场主体遵循可持续发展原则进行生产和消费，并通过市场手段实现资源优化配置。方针性政策在实施的时候，只有借助工具性政策，才可以对市场主体行为产生一系列影响。从行为科学理论看，方针性政策可以分为行政行为和工具行为。方针性政策在行政行为方面，将政府意图和预期充分展现出来。工具性政策是一系列特定的，对市场经济主体行为产生直接的影响的政策规定，具有可操作性。因此，通过制定、实施与之相关的工具来推动循环经济的健康发展成为我国当前经济社会发展中一个十分重要的问题。因为方针性政策具有战略性、倡导性以及宣示性，旨在快速使循环经济战略地位有效提升，并且提升各级政府、企业以及大众对循环经济的认识和了解水平，我国现行方针性政策已经基本达到阶段性政策目标。需要注意的是在循环经济进入大规模实践的今天，方针性政策是否真正达到了终极目标，循环经济是否能成为经济发展的普遍模式，关键是能不能制定并且执行适当的工具性政策。

工具性政策是针对循环经济中所有利益攸关方采取的强制性政策或引导性政策，从某种意义上来说这是一种直接管制政策、经济激励政策和自愿性政策三方面的相互有机组合。对工具性政策而言，世界银行所推广的政策矩阵，把政策手段划分为直接管制或者"指令+控制"型政策，以市场为依托的经济激励政策，以及以公众参与、信息公开和其他方面为依据的自愿型政策，这些政策虽然在不同程度上都能起到促进经济循环的效果，但实施成本也比较高。循环经济主要由政府、企业与公众三方作为实践主体，活动涉及输入端、中间过程与输出端三方面的内容，所以一些研究以一种巧妙的方式，将政策作用的主体、政策手段的选择与发展循环经济主要环节相结合，既提出发展循环经济政策体系（表4-1-1），又提出了循环经济发展可具有三套机制和三种政策工具可供选择，也就是现代政府——国家行政体制，企业——市场机制，非政府组织和公众——社会机制，与之对应的政策工具有三种，分别是规制性、市场性和参与性的政策，在不同的机制下，需要采用不同的政策工具来支持其实施。行政机制反映了政府从上至下的工作，社会机制能够推动非政府组织从下到上的努力，市场机制则能够进一步将营利性组织的横向努力充分激发出来。

表 4-1-1　循环经济发展的政策体系

政策手段	输入端	中间过程	输出端
规制性政策	促进资源减耗的规制性政策，如各种新建项目资源消耗强度指标	促进生产和消费中尽可能重复和循环利用资源的规制性政策，如要求产品或包装以初始形式多次使用；家用电器的能耗标准等	促进污染减排的规制性政策，如排污证的发放及排污收费制度
市场性政策	促进资源减耗的市场性政策，如反映资源稀缺性的税收与价格机制	促进生产和消费中尽可能重复和循环利用资源的市场性政策，如减少补贴，增加环境税；保证金制度；能源合同管理制度	促进污染减排市场性政策，如建立排污权交易制度
参与性政策	促进资源减耗参与性政策，如各种资源信息的公开	促进生产和消费汇总尽可能重复和循环利用资源的参与性政策，如绿色能源标识制度，绿色家庭、企业、社区、城市评比制度	促进污染减排参与性政策，如污染排放信息公开制度

就工具性政策而言，也可按其作用模式划分为"命令－控制"式的传统政策工具和以市场为导向的政策工具。"命令－控制"型政策工具主要指环境管制与污染治理方面的政策，通过制定相应的法律法规来规范政府行为，以实现对环境的有效管理，体现在一系列禁止性规定中，包括各项行政法规、技术标准等。事

实上，它们就是环境保护、节约资源中一项重要的政策工具，对发展循环经济来说是一项基础的关键性政策。唯有严厉地"堵住"对环境保护、资源节约不利的诸多不良行为，才更加便于将其引导到与循环经济发展目标相一致的方向，同时如果对这些政策工具进行适当的限制，就会使其发挥更大的作用。从这个角度讲，传统"命令–控制"政策工具堪称循环经济发展之本，还是发展循环经济的先决条件，与以市场为基础的政策工具一样重要，有着不可忽视的意义和作用。因此，我们必须从国家层面制定相关的政策法规来支持这些政策工具的使用，以促进我国循环经济的健康持续发展，这是发达国家发展循环经济的根本经验。

从我国当前的国情来看，其核心就是要以市场化为导向，在政府的宏观调控下，充分发挥市场机制的作用，形成有利于环境和节约资源的制度安排。运用市场机制，实行循环经济政策，其实就是"胡萝卜+大棒"政策的有机组合，其目的是以疏堵结合保护环境、节约资源。因此，要想使这种循环经济政策发挥最大功效，首先必须解决好如何运用市场机制问题。从循环经济本身发展来看，最关键的是以市场为基础的政策手段，因为要依据它们来建立，适应循环经济本身要求的市场机制。政府要发挥好宏观调控作用，并根据循环经济特点设计合理有效的激励约束机制。唯有如此，循环经济才可以真正在市场经济体制中得以有效运行。

由于在发展循环经济的过程当中，一定要重视生产和消费两方面，所以欧洲国家归纳出的政策矩阵，用于推动可持续生产和消费，也是一个可借鉴之处，这个政策矩阵用政策作用效果把政策手段划分为"硬政策"与"软政策"两个层次。就政策工具种类而言，可以分为三种不同的类型，分别是奖罚型政策、激励型政策和自愿支持型政策，这些不同类型的政策手段分别对应着不同层次的循环经济评价指标体系。其中，激励型政策是最重要也最具操作性的措施，因为它能调动企业和公众参与到促进循环经济的建设中来，同时还有利于政府制定相关的政策法规。在对这一政策手段进行划分的基础上，可将循环经济发展政策形成如下政策工具包（图4-1-1）。

第四章 中国循环经济的政策支撑与发展模式

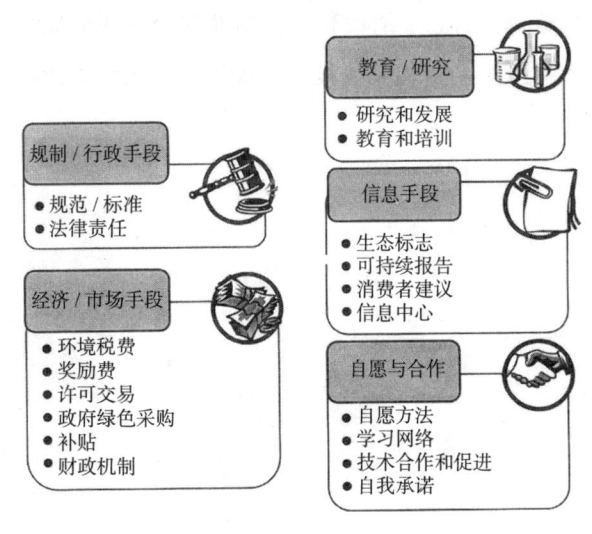

图 4-1-1 发展循环经济，推动可持续生产与消费工具包

欧洲可持续生产和消费政策工具包以及世界银行政策矩阵，不管是政策手段，还是政策类型基本相同。构建我国循环经济发展的政策体系的关键所在是对中国现阶段发展、政策现状等方面进行全面思考，对现行政策进行梳理与改进，对缺位的政策进行及时补充，进而形成发展循环经济的良好制度环境。

以循环经济为纽带，以政策作用为出发点进行划分，能粗略地把现行循环经济政策分为源头管理的方针政策、过程管理的方针政策与末端（产品）的管理方针政策。其中，过程管理政策主要涉及企业环境行为激励政策、政府环保投资支持政策以及污染防治技术与装备研发扶持政策等方面内容。源头管理政策有循环经济的综合性产业政策、开发政策等，过程管理政策有清洁生产政策、再利用的优惠政策等，末端（产品）管理的方针有资源税和资源价格政策等。

为促进循环经济发展，需要从循环经济发展的各个环节入手，找到政策干预的切入点。发展循环经济主要有 6 个环节（图 4-1-2），从资源开采、运输、生产、流通分配、消费到废弃物处理和处置。严格按照联合国环境规划署可持续生产和消费中心关于可持续生产和消费政策的评价标准的话，现行政策干预以生产环节为主线，导致资源开采阶段、消费阶段以及废弃物处理和处置阶段的介入受到一定的限制。在自然资源开采、消费和废弃物处理处置环节，存在很多的政策实施空间和机遇。在中国，类似的情况同样存在。因此，在继续关注生产环节的同时，未来特别需要在自然资源开采、消费和废弃物处理处置环节加大政策干预的力度，采用生命周期管理的思路制定相关政策，准确界定政策切入点。

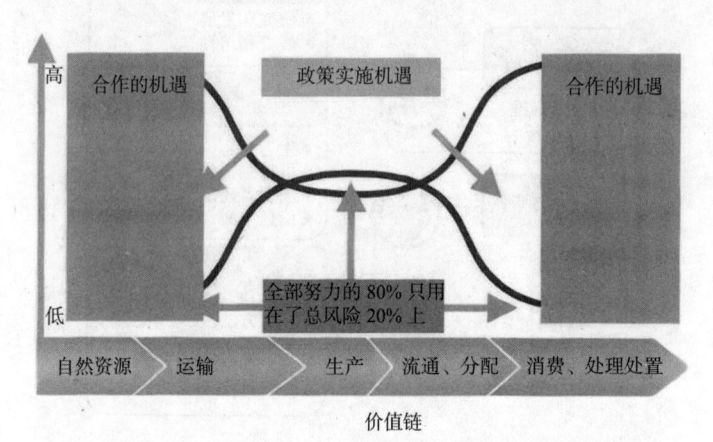

图 4-1-2　沿价值链管理的政策作用环节错位与政策机遇分析

根据中国发展循环经济的目标、优先领域和作用机制以及存在的问题，目前应该针对价值链所有环节实施循环经济发展政策，即在自然资源开采、运输、生产利用、消费（产品端）以及废弃物合理处理处置的各个环节推进循环经济发展。关键政策应是构建市场经济机制下的经济激励政策，促进循环经济发展的综合经济政策可以概括为以下三类：一是在自然资源开采环节，制定合理的资源税政策；二是在消费和末端废弃物处理处置环节，制定合理的废弃物排放税（费）政策；三是对资源消耗和污染排放强度大的产业，实行以各种形式补贴为基本内容的扶持奖励政策。

二、促进中国循环经济发展的利益机制设计

政策的作用就是调节循环经济发展各相关主体的利益关系，通过政策干预建立有利于循环经济发展的利益驱动机制。

价格在市场经济中，将零散的市场主体贡献与它们的利益紧密相连，由此解决了产什么、产多少、怎样生产等问题，核心机制就是建立经济活动贡献和活动主体利益的对应关系，之后再以效益为导向，人就会对其经济活动进行自发、分散的调节，使经济活动输出符合人的不同要求。因此，利益调节的实质就是市场交易双方为了实现各自的目的，对自己行为所进行的选择，这一利益调节是以价

格波动为其主要的表现形式。市场上存在着一种以"成本加利润"形式衡量和调节经济活动效率的市场机制——价格机制。在市场机制作用下，市场上存在着各种不同类型的参与者——生产者、消费者和中间商。在不同的社会体系中，价格的高低有很大差别，这主要取决于商品本身的质量和数量，以及生产者的劳动耗费程度等因素。一般情况下，在供给层面一个产品价格很昂贵，意味着更大的效益，人们将生产的中心放在这些产品上，尽可能地生产更多的产品；反之，代表着利益不多，人们很少或者不会生产，这就说明了一种产品在市场上所具有的不同价值和使用价值，即产品的边际效用与边际成本之间的差异。在需求层面，某产品价格上升，意味着需要支付更多的费用，对其需求将降低；反之，代表着较小的代价，人对其需求增加，会增加生产它的数量。在一个企业里，如果有两种不同类型的商品供消费者选择，那么就存在着两种不同的消费群体——生产者和消费者。现代经济学已经用非常严谨、严密的数学形式进行了论证，这一经济组织方式能够让经济活动取得最佳结果。作为理性经济人的基本特征是，当一种生产要素的价格上升时，为了不使利润下降，生产者就会进行创新，节约这种要素或者寻找价格低的替代品。因此，促进循环经济发展的关键就是如何采取合理的价格形成机制，使其将资源耗竭成本和环境损害成本包括在内，这将会使原始资源的消耗和排放废弃物变得昂贵，使循环利用废弃物的循环经济模式变得有利可图，把循环经济模式变成生产者和其他相关经济主体的首选。这应该是循环经济关键政策的一个基本特征。

这里我们可以结合循环经济物质流和价值流的各个环节、循环经济各主体间的相互关系来分析如何采用合理的政策手段，建立一个有利于循环经济发展的价格形成机制和利益驱动机制，如图 4-1-3 所示。

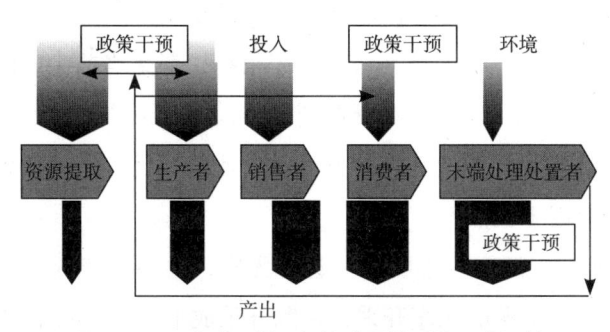

图 4-1-3 有利于循环经济发展的利益驱动机制

如图4-1-3所示，显示了循环经济各环节和各主体的物质流与价值流关系。这里我们可以发现三个重要的政策干预环节。

第一，按照市场经济机制，物质和价值从自然资源开采向生产者、消费者流动，但是因外部性因素存在，废弃物通过生产者、销售者、消费者和废弃物末端处理处置后向环境排放。废弃物中仍然存在一定的隐含价值流，但是如果没有适当的政策干预，因废弃物中的价值有高有低，高价值可利用废旧资源仍然可以通过循环流回"生产—消费"系统，但是低价值废旧资源因不经济性很难通过市场机制流回"生产—消费系统"，这就需要相关的经济政策直接或间接提高其隐含价值，使从事循环活动的主体有利可图，达到经济可行和技术可行的目标，这就是一个重要的政策调整和干预点。提高废旧资源回收利用的效益，有利于形成循环经济发展的利益机制。

第二，消费者的合理选择，也需要通过政府的政策导向，通过对资源性产品征收消费税、政府绿色采购等方式，使消费者选择有利于资源循环利用的可持续消费方式。

第三，难以进行循环的最终废弃物需要用对环境安全的方式处理处置，避免造成环境污染。因外部性因素存在，最终废弃物的处理处置需要政府采取征收环境污染物排放税（或排污收费）等方式进行政策干预，促进企业积极循环利用废弃物，对最终废弃物妥善安全地处置，形成有利于循环经济发展的经济驱动导向。

三、促进中国循环经济发展的关键经济政策建议

（一）建立兼顾公平与效率的成本与价格机制

1. 提高初始资源价格，增加循环经济比较利益

资源消费减量化虽然为循环经济提供了依据，但是当前中国的初始资源使用权的价格普遍偏低。除此之外，在资源消耗方面尚未形成充分的成本压力，企业在节约资源、循环利用资源及废弃物方面动力比较缺乏。造成初始资源市场价格普遍偏低的原因有以下几点：

（1）基础矿产资源产权不明晰、管理无序，很多矿产资源未经详细探索就被乱采、乱放，导致资源的无序开采，资源开采成本高，回采率并不高。

（2）资源勘探费用得不到合理的补偿，国家花巨资勘查的资源，被某些人以不同的方式私挖乱采，导致矿产资源的开采成本和回采率低。

（3）国家对国有矿产资源尚未征收充足的资源使用费和资源税，导致少数群众对国有矿产资源的低成本乃至无偿利用，人为地将资源的利用成本降低。举例来说，资源使用费并非严格按储量收取，而是按开采量收取非常低的使用费，使大批开矿者仅采含有丰富矿产的部分，遗弃了很多的可利用资源。

（4）地下水及河流水的取水费太低。例如，黄河上游部分支流取水费在1角以下，甚至在水资源严重短缺的京郊，有些单位自备井取水费同样不到1元。

初始资源价格低，一方面导致节约资源投入和产出效益低下，另一方面也使资源与废弃物的循环利用没有了技术经济的比较优势，进而形成"循环不经济"的不良现象，对循环经济发展市场效益的发挥产生严重不良影响，阻碍其进一步发展。要实现循环经济，就必须降低资源的投入，从而降低初始资源的价格。例如，循环利用废水费用在2~3元/吨，只要取用新鲜水价格比此便宜的区域，废水循环利用就没有经济效益，所以国家应决心通过明确矿产资源的产权，在资源使用上实行严格又理性的税收规制，同时通过建立严格保障矿工生命财产安全及合理工资福利待遇机制等方式，快速增加初始资源使用，降低资源的开采成本，让初始资源在价格上真实地将其价值反映出来。

2.提高废弃物排放成本，增强循环利用废弃物的成本优势

造成我国环境污染的主要原因之一是以往未对环境这一经济要素实行有偿使用的合理定价，环境成本包括了废弃物排放的污染损失和废弃物回收处理的费用支出，所以在我国市场价格机制形成的过程当中，未对环境成本要素进行充足的考虑，这种状况不仅不利于资源和能源节约，也不利于环境保护和生态文明建设，让中国产品价格偏低。由于废弃物的大量产生和不合理处置，造成了资源浪费与环境退化，增加了环境风险，使旨在保护环境的废弃物循环利用，在经济方面并无比较优势。所以，要想真正实现循环利用废弃物，必须对废弃物进行有效管理，通过政府宏观调控和市场机制推动资源节约与环境友好型社会的建设。旨在保护环境，从末端对废弃物的排放进行有效的控制，将废弃物排放成本提高的同时，把排放污染外部成本逐渐内化，让排放废弃物变成企业成本不可分割的一部分和形成价格的因素之一，从而使废弃物的循环利用变成企业减少环境使用成本的经

济方法，能够在一定程度上增加废弃物循环利用的比较经济效益，最终将企业大力发展循环经济的积极性充分激发和调动起来，使企业将资源消耗、环境污染减少到最低程度。

为此，政府在2006—2010年的"十一五"期间提出应加强废弃物排放收费制度的建设和优化的建议，使中国废弃物排放费用逐渐高于废弃物处理费用，将废弃物再生利用及无害化处理企业变成真正的盈利企业。每一项废弃物排放费用标准按照再生利用、安全处理等费用，动态核定并强制收取。

3. 降低废弃物再生利用成本，提高再生资源的比较利益

将废弃物成功转化为再生资源，通常要经过繁杂的技术处理流程，对成本投入要求很高。在我国，随着工业化进程的加快，大量工业废渣产生，导致环境问题日趋严重，如何有效地将废弃物转变成为可再制造资源，已逐渐引起人们的关注。许多企业之所以对废弃物进行处理与再生利用，是因为废弃物的排放会对环境造成非常严重的污染，对公司而言，在这种情况下企业通过废弃物资源化，降低废弃物排放量，将废弃物作为资源加以利用，从而获得较大的经济效益和生态效益，同时也给社会带来一定的环境效益，虽然有着高度正外部性，但是有较大的可能性只有非常低的收益，甚至出现经济效益负增长。在我国当前条件下，如果废弃物没有得到充分回收，会造成资源浪费、环境污染等问题。从这一观点来看，废旧物资的循环回收利用，从某种意义上来说是一种公共资源的保护行为，政府要做的是采取外部效益内部化的有效措施，为企业循环经济发展提供补偿和有力的支持，如，建立专门的管理机构进行科学化管理，并给予优惠的融资条件及土地优惠利用等，以便大幅度减少废弃物再生资源化带来的代价，继而让再生资源价格相对优势得到进一步增强。

为了让循环经济的投资得到相应的保障，国家财政应设立专门用于循环经济和环境保护的账户，把有关的项目纳入专用的账户之中，如废弃物排放费、资源使用费等，若有需要也可采取发行环境债券的手段筹集资金，为循环经济的技术研发、循环经济基础设施建设服务等提供一系列服务。

4. 降低循环经济的交易成本和市场开发成本，提高循环经济效益

因为资源与废弃物循环利用存在正的环境外部性收益，为了最大化实现外部效益，国际上普遍采用的方法是各国政府将此外部性效益内部化。在此过程中，

各国都建立了相应的法律法规，并制定相应政策予以规范，其主要措施包括以下几点：

（1）政府以绿色采购的方式，在相同的条件下，按照市场准入优先等政策，采购的时候对循环经济产品进行优先考虑，尽可能地降低循环经济产品进入市场的门槛，让它更易于走向市场，并且确保其在市场有十分稳定的份额，从而既减少企业在市场上循环利用资源的成本，又在一定程度上降低废弃物的市场交易成本。

（2）政府实行免费认证与授予标识的方法，专门针对循环经济产品开展和组织一系列公益宣传活动，不断增强循环经济产品在社会中的公信力，这样不仅可以让企业市场开发费用大幅度降低，还可以为消费者节约市场的搜索成本。

（3）政府对资源及废弃物的循环利用提供多方面的支持，如无偿的技术培训、管理咨询等，继而降低和减少企业在循环经济发展过程中搜索技术和市场信息的成本。

（4）政府无偿地指导企业开展国际合作，合理指导其广泛、灵活地使用国际技术和经济资源。

（5）政府对循环经济基础设施及网络体系的投入，为其发展提供了重要的先决条件。

总之，以增加原始矿产资源使用费、资源税等方式，增加初始资源的价格，通过加大对环境使用成本的投入，让废弃物的排放价格得到恰当的提升，扩大生产者的环境责任范围等，会在一定程度上使我国初始资源以及环境污染较严重产品市场价格提高。在新的政策导向下，企业会更多地考虑环境保护因素。一方面，借助资源与废弃物循环利用政策优惠方式，除了降低循环经济税负成本以外，还减少经营成本；另一方面，通过政府免费的服务、管理指导咨询，减少循环经济市场进入费用的同时，也降低交易成本，从而有效降低循环经济的产品价格。与此同时，通过提高环境规制力度，强化企业社会责任以及完善相关法律制度等措施来约束政府行为，也会让循环经济产品价格下降。对我国市场价格形成机制进行两大方向地再建构，会使用初始资源及生产过程当中污染排放较多的产品价格升高，循环经济的产品价格变得比较低廉。在此基础上，建立一个包含企业定价、政府监管、消费者监督在内的完整循环经济核算系统，并以其为基础设计出一套基于市场机制的环境税收制度，该价格体系将推动资源的节约使用、废弃物的循环利用以及环境保护。

（二）建立科学的税收调节政策

1. 针对循环经济的不同环节，建立科学的税收调节政策

（1）就生产环节而言，税收优惠政策应从源头上尽可能地减少废弃物产生，有效提升资源利用的效率、减少环境的污染。企业使用减少原材料及能源消耗的全新设备和利用风能、热能、其他清洁能源的热回收设备，允许增值税前加速折旧与抵扣进项税额。

（2）流通环节的税收优惠政策要激发、鼓励企业对废弃物资进行回收、配送，既可以减免企业所得税税收，又能采取定期免征增值税的诸多优惠政策。

（3）从分配环节上看，税收政策能够对使用废弃物为主原料的企业免征所得税，此外对企业应用节能技术改造的国产设备，按照一定投资的比例，冲抵当年新增所得税，从而支撑企业节能技术的改造。

2. 建立税收政策与其他财政金融政策的协调机制，发挥协同作用

（1）配合财政政策。通过对财政投资结构的优化与完善，灵活使用财政补贴手段，科学利用财政转移支付及其他手段，以便为发展循环经济提供强有力的财力保障。

（2）配合货币政策。对从事循环经济活动的中小企业、高新技术产业以及环保设施建设等单位和个人，实施有关税收减免优惠政策。国家政策性银行、商业性银行等金融机构，在循环经济过程中会产生不同程度的利息损失，能够给予他们某些减免税优惠的政策。

（3）配合价格政策。制定相应的价格政策，以实现环境保护目标。积极改善和提高环境、资源税收的调节程度，将资源、环境等税收因素与企业财务成本核算以及国民经济核算体系相互结合，树立保护环境和节约资源的理念，建立科学化与合理化的价格调节体系。严格按照环境、资源的稀缺程度和需求趋向，建立健全资源有偿使用相关制度的同时，努力优化和完善价格体系，快速推动对资源的可持续循环利用。

3. 改革完善现行税费制度

应确立环境容量亦为资源的政策观念，对环境资源定价制度进行改革，建立

健全环境资源有偿使用的相关制度，改变目前守法成本高昂和违法成本偏低的情况，增加排污收费的标准，使环境成本逐渐内部化。在制定环境税方案时，可考虑开征碳汇基金，并以"碳"作为征税对象。当前，要按照实际发展情况缓慢提高主要污染物排污费征收的标准，使其向环境治理和损害成本两个方面靠拢。

现如今，我国虽然已具备了推行排污权交易市场的基本条件，但是环境税费、价格以及有关财税政策也需配合国家的整体税制改革，借助总体税负均衡，最大限度地减少由于资源和环境成本的增加，可能导致的宏观经济冲击，影响企业竞争力，给社会弱势群体带来的不利影响等。

第二节 中国循环经济的发展模式

目前，在中国，循环经济尚处于发展阶段，关于循环经济的理论研究和实践模式正在探讨之中。因此，本节将侧重研究循环经济发展模式，借鉴国际经验，同时，对目前中国各地积极开展的循环经济试点和实践进行总结和提炼，形成适合中国国情、具有中国特色的循环经济发展模式。

一、中国循环经济发展的区域战略模式概述

现如今，中国循环经济试点的实际发展状况，无论是从技术经济条件与近期发展目标看，还是从地区经济发展阶段的层面来看，都呈现出3种区域战略模式，这种区域战略模式指的是不同地区在不同的经济发展水平、技术经济条件、资源环境形势下，将发展循环经济作为一种战略选择和战略转型，其具体实践模式各具特点，在相关政策方面也呈现出不同的需求。

在我国实施可持续发展战略背景下，一些地区的循环经济建设取得了较大进展，但总体上仍处于起步阶段。就发展阶段而言，循环经济发展同东部地区经济转型、产业升级同步进行，相互契合，不管是技术经济基础，还是制度条件均较为完善，可以说这些区域发展循环经济是一种自发战略转型模式。在我国尚没有形成成熟的循环经济体系的情况下，这些地区的经验对其他地区具有很强的借鉴意义。针对此类区域循环经济的发展，只要各国立法与政策落实到位，同时体制安排得当，循环经济依托于当地资源，就能够获得较为平稳的发展。

辽宁省循环经济实践作为资源型地区战略转型模式，以东北老工业基地振兴为大背景，以技术经济为基础，其核心在于通过建立以资源高效利用和循环利用为基础的产业体系，实现经济增长方式的根本性转变。东北老工业基地振兴战略的实施，给辽宁省循环经济发展提供了良好的发展契机。也正因如此，发展循环经济也成为辽宁省老工业基地振兴的一项重大战略措施。辽宁循环经济的发展，既有其发展进程的一些特殊需求，又对振兴整个东北老工业基地甚至对西部资源型地区可持续发展具有示范的意义和作用。对这类问题，国家应该给予恰当的外部资金支持、技术支持和政策支持，将与其相关的扶持纳入国家振兴东北老工业基地的倾斜政策，以一种巧妙的方式把二者有机融合，切忌采取两套不同的扶持政策。

相比较而言，贵阳市试点示范在西部地区循环经济发展中具有一定的试水意义，是非常典型的跨越式战略转变，简单来说，就是在产业升级与经济转型前所选择的超前发展战略与路径。所遇到的技术和经济困难，自然远超过东部地区，虽然局部推进比较方便和容易，但是全面推动和促进还是会遇到很多挑战。在该地区开展实施跨越式战略转变是完全可行的，但也必须考虑到该区域的实际情况，不能一刀切。因此，国家应该一方面提供更有力的外部支持，另一方面也在西部大开发优惠政策中把资金、技术与特殊政策扶持纳入其中，除此之外对地方发展循环经济也要有一些特别的扶持，以便促进该地区的发展。

以上三种区域战略模式，其经济技术和资源环境条件等各不相同，因此，在具体做法和实践模式上也呈现了不同特点。

二、东部自发战略转型模式

（一）东部地区代表省份的循环经济发展模式

1. 江苏省循环经济发展模式

（1）江苏模式的主要内容

①循环型工业

一是研制开发绿色产品。着力推动和促进绿色材料产品、资源节约型产品（如节能、节水等）、环境无害化的产品（如可降解、无毒、无害等）、功能替代型产品等的研制和开发。增加环境标志的产品比率,推动产业结构向生态化转型方向发展,不断增强产品在国际上的竞争力。

二是对企业清洁生产工作进行全面的深化。依法强化企业清洁生产推行和实施力度的同时,将大中型企业作为重点与核心,如纺织、化工等行业,大力推行节水和节能的清洁生产,从而使企业深化清洁生产,不断地优化和完善,最终为建设循环型工业打下较为坚实的基础。

三是着力推进产业生态化转型。立足产品深加工,优化升级绿色产品结构,推动和促进产业结构生态化的调整和优化,既减少工业系统结构性资源消耗,又降低污染的产生量,推动江苏省产业向生态产业系统的方向发展。结合江苏省产业结构的实际情况,着力推动和促进印染、造纸等高污染、高能耗产业生态化转型,与江苏的产业发展策略有机结合,以能源终端利用效率为先决条件,对以煤炭为主的能源结构进行稳步调整,大范围推广和宣传清洁煤燃烧的技术,促进风能、太阳能及其他再生能源的有效开发和利用。推动生态化和信息化两个方面的有机融合,积极发展信息产业,用信息化带动生态化,在生态化中融入信息化,使江苏循环型工业立足于以高新技术为支撑的技术基础之上。

四是开展生态工业园区的建设和发展。推动江苏尤其是沿江地区(工业园分布密度较高)的经济一体化进程,面向市场,并以其为导向,进行合理的、科学的统筹规划管理,不断强化土地资源控制,落实入园企业经济、资源、环境全面管控的具体要求。强化循环经济理念在生态工业园规划中的应用。与工业园区整合相结合,打造特色园区,以此为基础,利用和发挥园区产业集聚与工业生态的效应,灵活利用工业生态的发展规律,推动生态工业园区的建设和发展。借助集中治污、供热体系的构建,共享园区基础设施,实现规模化的良好经营,推动和促进园区内、园区间废物交换体系及能量梯级利用体系的构建,积极发展跨园区信息和物流网络管理协调机构,加快工业园区向生态工业园区发展的步伐。

五是协调组织区域循环型工业网络的综合示范。通过建立政府主导的"政产学研用"一体化机制,形成多主体参与的发展模式,与城市化进程相结合,在城市的基础上把园区、工业等多层级循环型工业建设纳入城镇开发建设的进程之中,积极建设区域循环型的工业网络,完善区域循环经济发展政策支持。持续强化产业集群与产业集群间的区域分工协作,培育、扶持废弃物循环利用产业的发展,将钢铁、能源产业以及其他吸纳废物功能充分发挥出来，促进各行业区域合作互补、合理配置。完善区域循环经济发展政策支持，一方面，扶持推动租赁服务业的建设，另一方面，扶持促进地区共性技术设备维修替代的发展，推动沿江工业体系生态化整体性优化提升。

六是强化循环型工业基础设施的建设，积极构建废弃物回收分类拆解基地。在城市建成区范围内开展生活垃圾焚烧发电试点，鼓励其他行业采用焚烧工艺进行生产。建设家用电器及电子垃圾资源化、无害化处理基地（将电冰箱、洗衣机、电视机空调作为重点），推动和促进废旧家电和其他电子产品回收体系建设和示范试点建立。加快固体废物再生利用产业化进程，促进工业废物减量化、再利用。围绕太仓等主要区域废物资源化产业，聚集进行废旧轮胎、废钢等废物资源的循环利用与回收，吸引国外及民间资本进入工业废物削减、废物交换等整体过程。

②循环型农业

循环型农业体现了可持续发展思想，同时也将循环经济理念充分展现出来。江苏省大力发展循环型农业，将农业清洁生产与农业废弃物综合利用有机地结合起来，对生态系统运行与经济活动之间的基本规律进行利用，核心就是利用食物链的原理，优化和完善农业产品从生产到消费全产业链的整体结构，在环境友好条件下使用自然资源，提高环境容量，最终实现农业经济活动生态化转型的目的。

江苏省循环型农业的发展，需要将以农业为纽带的产业经济活动整理成一个"自然资源—制品—废弃物—再生资源"闭环式过程，无论是物质还是能源投入，都能在这一持续的周期内获得最大限度的合理使用，从而尽可能地降低农业产业链活动给自然环境带来的危害。

③循环型服务业

在从事生产与服务活动的过程之中，根据循环经济的实际要求，严格遵循减量化和再利用的原则，降低物质的消耗，避免及减少废弃物的产生，从根源上降低资源的消耗，最大限度地减少环境污染，在服务产业内部各个行业部门中贯彻循环经济理念与方法，开展和组织绿色饭店、绿色餐饮业及其他活动。循环型服务业是建立在生态经济学基础上，以物质高效循环为基本特征，并与现代工业、信息技术相融合形成的一种新型现代服务形态。因为服务产业具有一定的"流通与服务"特性，除了可以起到和发挥联系其他行业、社会生活的作用之外，还可以衔接并推动循环型工业、农业与循环型社会的进一步发展。

④循环型社会

循环型社会实际上就是将循环经济理念反映到社会生活之中，呼吁将绿色消费和生活模式纳入社会生活之中，最终形成循环型的生活与消费方式。建设环境友好型城市，就是要以节约资源、保护环境为基本国策，坚持节约优先、保护为先，树立全面协调可持续发展的科学发展观，构建社会主义和谐社会。日常生活尽量采用可循环利用或者绿色的产品，减少和降低在消费时产生的废弃物，构建垃圾分类处理和利用体系，使城市垃圾实现无害化、资源化，把有用的废旧物资收回，实行循环利用，塑造资源节约型社会。

（2）江苏模式的创新特点

①强调社会化合作和产业间联系，而不是简单和盲目地构建各种封闭的循环圈。

生态经济学原理告诉我们：物质是可以周而复始、被反复利用和循环运动的，在不同的系统层面上是不可能封闭循环的；能量的流动是单向的和非循环的，并且是递减的。循环经济实践不可能实现企业、园区甚至区域层面的物质完全闭路循环利用，而是更要关注企业间、产业间、生产和消费领域或系统间的物质联系和循环利用。这样既符合生态经济系统规律，又可以充分利用社会化分工，提高技术经济效益。

张家港沙钢集团建立了"两头"在外的废旧资源循环利用模式。社会回收体系每年为沙钢集团提供250万吨各类废钢，沙钢集团又将大量的高炉水渣和钢渣销售到相关企业作为原材料。

苏州高新区爱普生公司在2004年3月基本实现了"零排放"目标。但这种零排放不是日本企业在20世纪90年代在其本土上创造的企业内部封闭式零排放，而是与相关废弃物利用和安全处置企业联合，实现最终不向环境排污的开放式零排放。

张家港和常熟市将建立资源在产业与产业间的循环作为其循环经济实践的重点内容。张家港南丰镇永联村在构建农业生态链的同时，积极探索将企业与农业链嫁接。例如，将村办钢厂生产过程中的余热，利用在水产养殖越冬温室取暖和食用菇加工烧煮工艺上，每年节约能源费用20多万元。常熟市通过大豆蛋白提取蛋白纤维技术，将大豆种植、豆油加工业、生物有机肥和一般种植业连接起来。

另外，苏南地区将资源再生利用产业摆上了重要位置。苏州高新区正在建设废旧资源再生利用体系，包括环保服务中心、固废处置中心及电子废弃物拆卸和循环利用中心。太仓市初步建成废旧资源再生利用工业园。目前有不少外资资源再生利用企业进驻苏州和太仓。随着废旧资源再生利用产业体系的发展和壮大，有望在企业、生产与消费领域间建立起资源循环利用的桥梁。

②实行"绿色招商"和"节点招商"，构建工业生态链

苏南地区已建成不少具有先进生产技术和较高环境管理水平的企业组成的工业园区，如张家港的扬子江化学工业园、常熟经济开发区、苏州高新区、苏州工业园区等。如何在园区内将相互之间没有物流需求关系的企业连接起来是生态工业建设的一个重要课题。为此，张家港、常熟和苏州实行了"绿色招商"和"节点招商"计划。

"绿色招商"和"节点招商"就是以现有产业结构和工业园区定位为依托，根据循环经济的理念思想，甄别投资项目。需要注意的是，筛选的时候不应将目光仅停留在环保优越性和技术先进性上面，而是应该基于此，审视一下它在既有产业链上的"节点"地位，把现有产业相互联系，建设独具特色的生态工业系统或者通过整合园区内的资源和优势要素来形成一个新的主导产业群。另外，这类项目通常也具有产业集聚效应，指导国际、国内产业资本的组成与流动。例如，江苏扬子江化学工业园运用这种招商理念后，成功地吸引众多国际化工旗舰项目及龙头企业落户，从而促使大量"下游"公司抢占工业园，园区内众多化工企业通过不断优化升级，形成一个以石化为主导的上下游一体化格局。至此，"唇齿相依"的产业链有了雏形，其中主要包括四大特色产业，分别是化工产业、粮油产业、机电产业和纺织产业。

③城乡一体化体制改革，为循环经济发展创造机遇

苏南地区经济整体水平较高，城乡差距不断缩小。由于乡镇经济的不断发展，因此农村的土地资源破坏现象日益严重，农村基础设施严重不足。为了进一步统筹城乡协调发展，苏南地区的城乡一体化体制改革力度很大。改革的主要内

容是撤并乡镇和村,加强土地使用管理,加大基础设施建设力度,改善农村生活条件。张家港计划将原有的 20 多个乡镇撤并成 8 个镇。常熟市计划用 12 年的时间将全市 1 万多个村落规划成 52 个农村居民集中居住区。撤并给农村生态环境保护和区域循环经济发展带来了一系列机遇和变化。一是村镇规模扩大,有利于统一规划建设和环境监督管理。张家港、常熟所有镇都正在或计划建设污水和垃圾集中处理设施。二是不少村镇在逐步将村民集中搬迁到统一规划和拥有基础设施的社区,不但改善了农民的生活条件,也为农村生活环境污染治理提供了可能。三是撤并后,有利于土地集中管理和集约经营,所有企业必须进入规划的园区,既解决了土地资源无序占用和破坏的问题,又为农村工业污染集中治理和生态农业规模发展创造了条件。四是撤并后,提高了基础设施建设水平,苏南地区农村再生能源如,太阳能和沼气的推广明显加快。五是苏南掀起了创建全国或江苏省优美乡镇的高潮,带动了整个苏南地区城乡一体化建设,促进了城乡协调发展。目前,常熟市有 2 个镇获得全国优美乡镇称号,3 个镇获江苏省优美乡镇的称号。

城乡一体化改革是统筹城乡发展的重要体制创新,为生态城市建设和区域循环经济发展拓展到农村创造了统一的实践舞台。常熟市蒋巷村和张家港市的唐桥镇、南丰镇永联村在这方面,已取得了较大成功。

2. 山东省循环经济发展模式

(1)"点、线、面"循环经济发展模式

①在企业,建立点上的小循环

实行清洁生产,推行 ISO14000 环境管理体系认证,以生态效率为理念,以清洁生产为具体要求,灵活运用现代技术与生态设计,使单位产品各种消耗及污染物排放量尽可能地控制在先进标准允许的限度内,使企业内部资源在得到循环利用的同时,也得到有效的综合利用。从清洁生产的角度看,山东省是由东向西,由发达地区向欠发达地区发展,由重污染行业逐步向其他产业发展。

企业通过实施清洁生产,废气排放量削减 10.0%,万元产值废气排放削减率为 9.36%,二氧化硫排放削减率为 16.9%,万元产值排放削减率为 34.2%,烟尘排放削减率为 17.9%,万元产值排放削减率为 15.1%,废水排放削减率为 27.5%,万元产值排放削减率为 22.5%,COD 排放削减率为 29.3%,万元产值排放削减率为23.2%，固体废物排放削减率为15.2%，万元产值排放削减率为14.4%，企业年经济效益增加率5%[①]。

②在行业，建立线上的中循环

分行业制定和实施引导性标准，除了优化产业的结构调整之外，还要完善产品的结构调整。在分析生态工业园区建设必要性基础上，提出构建生态工业园应遵循的基本原则，即系统性与层次性相统一，开放性与协调性相结合，可持续发展与循环利用并举。应用生态经济原理，按照产业之间的联系，透过材料、能量以及信息的集成，使生态工业产业链得到恰当的延伸拓展，形成由1个和若干个产业构成的生态园区，促使园区内各主体之间互补互动、共生共利，从而逐渐形成有机产业链网，最终实现经济增长方式的转变，走上真正的新型工业化之路。

山东作为我国的工业大省，造纸、酿造等行业是水的主要污染来源。造纸是一个耗水量大、污染严重以及治污困难的行业，山东省率先抓住这一行业，在国内率先颁布实施《造纸行业污染物排放标准》。2003年与1998年相比，企业数量减少了43.4%，但产量和利税却分别增加了198.1%和307%，COD排放量削减了73.0%[②]。山东省自2003年起，科学引导行业标准，逐步推广不同的行业，如，酿造、电子等领域，取得了不错的效果和成效，经济效益更是高达数亿元，COD排放量平均削减率达40%以上，废水排放平均削减率达40%～60%，工业粉尘回收率达95%[③]。

③在社会区域，建立面上的大循环

山东省在循环经济理念的合理引导下，以一系列创建活动的深入开展为媒介和载体，旨在构建一个循环型社会，在社会的各行各业之间构建一个生态产业体系，同时积极提倡生态文明，建立循环型社会，实现社会科学发展的目的。

山东省历年来以点和线试点为主，在此基础上开展和组织区域社会层面的试点，对循环经济规划进行精心的科学编制，在社会层面稳定、坚实地促进循环链接，初始阶段将烟台开发区与日照市作为试点，经过推广和实施取得非常明显的

[①] 张凯. 山东努力建设具有特色的生态省[EB/OL]. （2005-02-18）[2023-01-13]. http://www.ce.cn/ztpd/kxfgzg/dbky/kuybd/200503/02/t20050302_3319603.shtml.
[②] 同①。
[③] 刘新忠. 石油物探清洁生产研究[D]. 青岛：中国石油大学（华东），2007.

效果。其中，烟台开发区是全国创建国家生态工业示范园区之一，日照市不仅获批国家级可持续发展实验区，还是全国生态示范区建设试点市和全国循环经济试点市，经过几年实践，已初步建立起符合省情的以资源高效利用与循环利用为核心的现代产业体系。目前，这两项试点严格遵循制订好的循环经济的计划，不断向着深度与广度发展。

除了正在实施清洁生产、ISO14000环境管理认证以及引导性标准以外，山东省遵循循环经济理念，以国家一系列"创建"行动为有效载体，构建"面"大循环，培育树立一批典型代表，推动环境、经济、社会协调发展，区域内得到进一步的和谐发展。

（2）"八项创建"活动促进循环经济发展

山东省在实践基础上探索了"点、线、面"的发展模式，并通过"八项创建"活动将循环经济与现有工作紧密结合起来，将循环经济发展模式渗透到日常工作中，使创建活动成为循环经济发展模式的抓手和载体，大大促进了循环经济的发展。

①创建生态示范区。山东省创建国家生态示范区12个，已建成国家级自然保护区6个、风景名胜区3个、森林公园26个。全省自然保护区占全省面积由1998年的1.8%上升到2003年的6.1%，森林覆盖率每年提高了1%[①]。

②创建环保模范城市。山东省已有10个城市获得"国家环境保护模范城市"荣誉称号。威海市在全国率先创建了国家环保模范城市群，并荣获联合国"2003年度联合国人居奖"，目前正在积极创建国家级生态市。青岛市积极创建全国第一个副省级环保模范城市群；山东半岛城市正携手创建半岛环保模范城市群；临沂市加紧创建全国第一个革命老区环保模范城市。

③创建环境优美乡镇。山东省已在全省范围内开展了环境优美乡镇创建工作，目前山东省有国家级环境优美乡镇7个、省级环境优美乡镇3个。

④创建绿色社区、绿色学校、生态居住小区。山东省有国家级绿色学校9所、省级绿色社区50个，省政府批准了青岛奥林匹克国际花园和泰山、蟠龙山水度假村为省级生态居住小区建设试点。

---

① 张凯. 山东努力建设具有特色的生态省[EB/OL].（2005-02-18）[2023-01-13]. http：//www.ce.cn/ztpd/kxfzgz/dbky/kuybd/200503/02/t20050302_3319603.shtml.

⑤创建生态工业园区。严格落实国家宏观调控政策，高标准建设生态工业示范园区。目前已建立省级工业示范园区13个。

⑥创建环境友好企业。山东省在全省开展"国家环境友好企业"活动。鲁北化工集团、青岛港有限公司被评为全国首批环境友好企业，43家省级环境友好企业得到表彰。

⑦创建循环经济试点单位。全省公布了45个省级循环经济试点企业，2个循环经济试点县。

⑧创建生态市（县、区）。山东省确定了20个市（县、区）为生态示范县试点。

（二）东部地区循环经济发展模式的技术经济和制度基础

其他东部地区也都开展了与江苏省、山东省类似的循环经济试点实践，如浙江省制定了发展资源节约型经济行动方案，围绕建设先进制造业基地和生态省建设战略任务，节约资源，发展循环经济，提高资源利用效率，缓解发展要素制约，推进工业经济增长方式，从高消耗高排放型向资源节约型、生态环保型转变。总结东部地区循环经济发展的模式，可以发现其具有一些共同的特点，这与东部地区的技术经济条件和相关制度基础是密不可分的，包括资源环境形势、经济发展阶段、环境管理水平、技术能力、市场发育程度等方面，形成了东部地区循环经济发展的自发战略转型模式，这种发展模式以一定的技术经济和制度建设为基础。这里以江苏省为例，对该模式的技术经济和制度基础进行初步分析。

1. 资源环境形势、经济发展阶段和环境管理水平促进循环经济

在资源环境瓶颈约束问题上，江苏省似乎比全国其他地区的形势更严峻。江苏省的能源绝大部分靠省外供给，目前的电力缺口严重，工业原材料严重短缺，工业基本上是"两头在外"的产业体系。江苏省自然资源、能源、土地和水资源供需矛盾十分突出。同时，重化工工业特征十分明显，第二产业在经济结构中的比重达60%，钢铁、水泥、建材、石油化工和印染等资源密集型和污染型产业在第二产业中占较大份额。经济总量和结构问题已使江苏的资源环境不堪重负。按照国家污染总量控制目标，江苏省在水和气等主要污染物的排放总量上已经处于饱和状态，环境容量特别是水环境容量资源几近枯竭。总量配额和环境容量的枯竭，对江苏省经济的持续发展已经产生了严重的制约作用。所以，江苏省面临转变经济增长方式、提高生态效率的压力更大、需求更强烈、任务更迫切。

从经济发展水平和工业化特征看，江苏省特别是苏南地区产业升级和转型的时机已经来临，即使没有循环经济的理念，以减少资源能源消耗、提高经济效益、减少污染排放为特征的升级和转型也必然会发生。苏南地区的人均 GDP 目前已经达到了中等甚至偏上，这样的经济发展水平不仅意味着人民生活富裕，更隐含了企业和整个经济系统较高的技术经济能力和产业升级以及转型的必然性。相比较，苏南地区目前已处于后工业化阶段。发达国家的经历表明，协调资源消耗、经济产出和污染排放等要素的生态效率是后工业化社会追求的核心目标。这一判断与著名经济学家吴敬琏在对苏南考察后就其经济转型所作出的结论是一致的。苏南目前普遍实行的"绿色招商"和"节点招商"就是实践案例。在未实施循环经济之前，张家港就开始不断提高招商引资门槛，招商理念由发展初期的"捡到篮里就是菜"提升为现在的"挑挑拣拣选精品"，变"抢项目"为"选项目"。项目引进坚持"三不办"的原则，科技含量低、环境污染严重的项目不办，资源消耗大、经济效益差的项目不办，不符合国家产业政策的项目不办。

先进的环境管理和较高的环保地位为环保部门倡导循环经济提供了良好的政治和社会舞台。比较而言，江苏省特别是苏南地区先进的环境管理工作是一个不争的事实。较高的环保地位表现在两个方面：一是人民的需求进入了较高阶段，生态环境需求成为生活中的重要组成部分，百姓支持环保；二是政府的工作内容和重点随百姓的需求变化而不断调整。

可见，资源环境形势、经济发展阶段和环境管理水平使得循环经济在江苏特别是苏南"生逢其时"，循环经济理念顺应了当地经济升级和转型的需要，为当地及时提供了实践模式和抓手。

2. 市场推进与技术支撑是基础，政府引导、企业实践、公众参与是原则和机制

首先，循环经济是先进生产技术和关键连接技术支撑的经济，是知识和信息支持的经济。因此，循环经济必须是建立在技术进步和创新支撑体系上的高端化经济模式，需要技术含量高、附加值高的技术支撑体系。这些技术概括起来可以包括：①提高自然资源利用效率的技术，不可再生资源的替代技术，再生能源的开发利用技术；②生态工业关键链接技术；③经济可行的资源回收利用技术，包括产品和服务过程中的各类减量、再利用和循环技术；④信息服务平台技术。正是有了从大豆蛋白中提取蛋白纤维的高新技术，常熟市江河天绒纤维公司才能将大豆种植、豆油加工、纤维提取、纺织、生物有机肥和一般种植业连接起来。苏南企业的技术水平普遍较高，尤其是占相当比例的外资企业和国内大企业的生产技术基本与国际水平同步。例如，张家港民营企业沙钢集团，通过两次历史性地引进国际同期先进技术设备，使其综合技术经济实力居于全国前列。

　　其次，循环经济是市场经济。政府的政策导向和制度创新是发展循环经济的关键，这代表着市场机制在循环经济运行中是最基本的支持，具有基础性的作用，在循环经济的实践中，企业处于主体地位。政府引导和鼓励企业参与到循环经济中来，为循环经济发展营造良好的政策环境，政府在引导和促进循环经济发展中具有不可替代的功能，苏南模式的市场机制在循环经济中主要具有两方面的作用。一是循环经济要遵循市场发展的规律，让生意有钱可赚、有利可图。唯有如此，循环经济的实践才可以继续进行下去，企业才会主动。这是因为，市场决定一切，市场又是通过政府来调控的，政府是市场主体的重要组成部分。苏南地区当前之所以在企业层面的循环经济试点效益明显，原因在于市场机制的作用。亦因为市场机制，从发动组织来看，苏南当前试点是从上往下进行的，具体实践中从下到上，政府各部门，如，环保、监管等，其主要作用是提供相应的服务指导和技术指导。二是主要有好的市场环境与市场机制，先进的生产技术，关键的链接技术也将随之而来，两者互为补充。所以，苏南普遍实行的绿色招商就能行得通。例如，从大豆蛋白中提取蛋白纤维的高新技术的诞生地是河南，但它却最终落地常熟市，这里面市场环境是一个重要原因。

　　通过上面的内容可知，技术和市场机制特征决定着政府对促进循环经济工作的根本定位，创造、培育和规范循环经济发展的市场环境——政府引导。在我国，政府的政策导向和制度创新是发展循环经济的关键。想要实现这一职能定位，一是构建发展循环经济制度体系，如法律法规、标准体系等，同时也需要通过发挥行业协会等社会组织作用来促进循环经济产业的健康有序运行，实现其市场化运作机制，以保证政府对循环经济发展起到积极促进作用。二是在技术和信息方面提供相关的服务。循环经济是新生事物，是中国在工业化中期阶段推动经济发展方式转变的一种跨越式战略，这决定了政府引导的同时又必须有声势浩大的发动、强有力的组织领导体制和科学统一的规划。所以，中国的循环经济管理机制，必然是在发动上是自上而下，在具体运行上是自下而上的。另外，公众参与其中，一方面为闭环经济的家属发展营造一个良好的社会氛围，另一方面大众对绿色消费等循环经济发展中的诸多领域，既有直接责任，又有相应的义务。

总体上看，在苏南循环经济的项目层次上，市场推进和先进技术支撑是基础性的力量，在宏观管理机制上，形成了政府引导、企业实践、公众参与的机制，但在机制的每个方面都有许多需要改进和完善的地方。

3. 严格环境执法催生循环经济发展

在循环经济模式下，企业要想实现可持续发展，必须将环境保护纳入企业管理之中。对企业而言，若无某种利益预期，并不会积极践行循环经济的规划。此时，以污染治理与环境管制为视角，通过较为严格的执法，能够推动企业变被动为主动。在循环经济理念下，企业必须建立一套有效的约束激励机制，以保证实现自身目标。例如，江苏省太仓市新太酒精有限公司的经验很好地诠释了这一机制。

新太酒精有限公司是一家以木薯为原料生产酒精的厂家，酒精生产过程中产生的高浓度有机废水对当地水体造成严重污染。在太湖污染治理零点行动中，该企业被列入重点限期治理对象，企业面临两种选择：要么彻底治理污染，要么被关闭。在太仓市环保局的大力支持和帮助下，企业进行了酒精废水治理的技术攻关并投资数千万元建立了一套污水处理设施。1999年3月，新太公司废水全面实现达标排放，同时，将污水处理过程产生的1万立方米的沼气回用于生产锅炉，产生了很好的经济效益。当前，企业已形成两个循环体系：酒精糟液—污水处理系统—污泥回收制取沼气，用沼气代替煤炭，降低废气和废水的排放量，并且污泥经发酵后产生甲烷气体作为燃料使用，还可以用作肥料；分离污泥—有机复合肥或者分离污泥与煤炭混合在锅炉中燃烧，这两个循环体系都是对传统的生产工艺进行改造，虽然能提高能源利用率和降低污染物排放量，但却没有从根本上解决废水和废气的治理问题。在环保部门的协助下，新太企业规划废水循环链，即污水的处理—深化处理—锅炉用水，降低新鲜水使用量的同时，COD（化学需氧量）、BOD（生物需氧量）及悬浮物排放量也得到有效降低。

值得一提的是，在这期间一定要共同使用"大棒和胡萝卜"，不仅要非常严格的执法，还要从技术与资金等方面给予恰当的支持与激励，如此方能达到最佳的效果，并且在政府和企业之间建立良好的伙伴关系。

三、辽宁省振兴东北老工业基地与循环经济发展模式

（一）发展循环经济与振兴东北老工业基地战略的关系

中华人民共和国成立后，国家在东北集中投资建设了具有相当规模的以能源、原材料、装备制造为主的战略产业和骨干企业。辽宁老工业基地为中国形成独立、完整的工业体系和国民经济体系，为改革开放和现代化建设作出了历史性的重大贡献。随着改革开放的不断深入和资源存量的不断减少，老工业基地长期积累的深层次结构性、体制性和资源环境等问题日益突出，进一步发展面临着许多困难和障碍。在"结构性"问题中，资源型的产业和经济结构是重要的方面，"高消耗、低效益、高排放"是这种结构下经济增长方式的突出特点。带来的后果是资源越来越少，许多资源已近枯竭，污染却越来越重。虽然近年来各级政府做了很大努力，依然没有能从根本上改变严重污染的局面。

因此，结构调整、产业升级、走新型工业化道路、转变经济增长方式是振兴老工业基地的重要战略举措。这已经在辽宁省《老工业基地振兴规划》中得到了很好体现。但如何落实这一振兴战略，除了机制的转化、体制的创新、重大项目的支持，很重要的是观念的更新、发展战略的转变。循环经济为实现这种转变提供了一种新的经济发展理念和发展模式，适合辽宁的实际情况。

老工业基地所产生的许多问题是辽宁目前面临的特殊困难和挑战，但是，振兴老工业基地又是辽宁发展循环经济、重现历史辉煌的机遇。辽宁省是根据老工业基地的实际振兴情况，有步骤、全方位地进行大规模循环经济建设发展，在多个方面已初见成效，均取得不错的效果，如改造老工业企业、调整和改造老工业区等，同时发展势头强劲，对于整个国家循环经济的进一步发展，走出一条新型工业化道路，有着不可忽视的示范意义和作用。

（二）辽宁省发展循环经济的"3+1"模式

辽宁省制定了循环经济发展试点方案，开展了循环经济试点，并在实践中探索出了适合辽宁省实际的循环经济"3+1"发展模式。这种发展模式与山东省的"点、线、面"模式类似，对全国其他地区具有一定的借鉴意义和示范作用。

"3+1"模式主要指的是3个循环（小循环、中循环和大循环）和1个产业。

一是小循环，与技术改造相结合，广泛宣传和实施清洁生产，打造"零排放"

企业，获得了十分明显的经济与环境效益。加大环保投入力度，实施环境管理目标责任制。将废水排放总量与污染物排放浓度相结合的"双向控制"模式，面对轧钢、选矿等产业，着重强调和积极开展"零排放"的工作，努力将水的重复利用率提高。此外，通过实施"三废"综合利用工程，减少资源消耗，降低污染负荷。省内现有包括北票电厂在内的50多家企业，基本上做到了废水"零排放"。积极推进清洁生产审核试点，启动鞍山钢铁集团公司等多家大型联合企业循环经济型示范企业的全面建设。鞍钢已经建成钢铁渣开发、转炉煤气回收、中水回用等40多项综合利用工程，实现了当年冶金渣、高炉煤气、转炉煤气、焦炉煤气的"零排放"[1]；鞍钢第二炼钢厂百吨转炉自2003年12月份开始全部实现"负能炼钢"，循环经济发展已基本成型。

二是中循环，除了与资源枯竭地区的经济转型相结合以外，还应该结合经济开发区的整合与升级，老工业区的调整与改造，重点打造生态工业园区，大幅度提高区域经济的运行质量。以抚顺矿业集团、大连开发区和沈阳铁西新区3个试点为主要单位，启动生态工业园区的建设。其中，抚顺矿业集团的主干是"一矿、四厂、一气"转产工程，依托系统集成以及关键技术创新，建设集采煤、炼油、发电等于一体的生态工业园区，大连经济技术开发区通过再次整合集成能流、水流等，将关键链接项目引入其中，打造生态工业园区，从而达到资源循环利用的最终目的，快速提高园区的建设质量，沈阳铁西新区在建设生态工业园区的时候，采用工业生态学，以循环经济作为理念思想，现已着手将多家公司组成数条工业生态产业链，组建若干生态工业循环网络，同时建立健全工业和消费的生态系统，完善支持保障系统，推进生态工业循环，实现消费生态循环。

三是大循环，根据"减量化、资源化、无害化"的原则，广泛宣传和推进城市中水回用、垃圾分类回收，进而让社会对可再生资源的利用率得到快速提升。与城市污水处理厂的建设有机结合，推动和促进城市中水回用，目前省内的污水处理已有鞍山西部第一污水处理厂、大连马栏河污水处理厂等进行中水回用，大多用于绿化用水、工业用水等。将沈阳和大连作为核心与重点，建设中水回用工程，如学校、医院等，通过对生活垃圾处理方式的创新，探索出适合实际情况的

---

[1] 新浪网. 作为全国第一个循环经济试点省，3年来，辽宁的循环经济工作已转向全面推进阶段——循环经济在辽宁生根发芽[EB/OL].（2006-01-23）[2023-01-12]. https://news.sina.com.cn/o/2006-01-23/10308057911s.shtml.

生活垃圾处理技术路线和模式，使生活垃圾处理水平得到明显提高。沈阳市已建成固体废物信息相互交换的平台，已经初步完成企业、产业、区域三者对可用废物的相互交换和灵活使用。以垃圾分类回收为主线，打造"绿色社区"，在全省范围内正式启动。

"1个产业"主要指的是资源再生产业与废旧资源回收利用产业，主要研究粉煤灰与煤矸石，进行资源再生利用，努力培育经济新增长点。近年来，随着国家对环境保护的日益重视及相关政策的出台，在这方面做了大量工作，并且取得了明显成效。目前，先后兴建了铁煤集团空心砖厂、朝阳华龙集团以及其他一批粉煤灰、煤矸石综合利用工程。

四、贵阳等西部地区循环经济发展的跨越式模式

（一）发展循环经济对西部地区实现跨越式发展的战略意义

从资源使用的结构上来看，煤矿、磷矿、金属矿物（主要为铝矿）等不可再生资源占了相当大的比重。作为一个大量依靠本地（不可再生）资源的粗放式资源型城市，贵阳市面临着在短期拉长资源优势期与长期资源依赖弱化的双重战略选择。

无论是从贵阳原有资源投入看，还是从污染排放水平看，均已对生态环境造成较大压力，也导致生态环境的逐渐恶化。要解决这一问题就必须提高资源的利用率和减少污染物的排放量，这需要政府加大投资力度、加强环境保护工作、完善环境管理体系。若今后维持较高资源投入和污染排放水平，那么势必给生态环境造成更大危害，同时经济也无法持续快速、稳步地增长。

"资源高投入，污染高排放"是贵阳经济在发展过程当中呈现的主要特点，属于资源依赖型开发模式的一种，这种以牺牲生态环境为代价，换取短期经济效益的发展模式，已不适应可持续发展要求。除此之外，高资源的消耗，高污染的排放，会不可避免地带来大面积且不可逆的区域环境破坏与生态灾害。也正是因为如此，贵阳转变发展模式，使经济发展和物质投入"脱钩"是需要解决的一个重要发展战略问题。

像贵阳这样的西部地区正处于工业化中期进程的开始阶段，在这个阶段，随着工业化、城市化进程的不断加快，经济发展水平不断提高，同时资源和环境压力也在不断加大，如果沿用传统的发展模式，目前的资源约束和环境压力将无法

承担以大投入、大污染、小产出和高消耗为特征的传统发展模式,不能再走以高资源投入和牺牲环境为代价换取经济增长的道路,这就要求像贵阳市这样的西部地区立足后发优势,走跨越式发展的道路。

循环经济发展模式为西部地区实现跨越式发展提供了先进的理念、方法和途径。因此,贵阳市在探索循环经济发展模式时,充分考虑了循环经济与市场经济的结合、生态城市结构与功能的结合、可持续发展与全面小康社会建设的结合,在经济与生态的规律指导下,做到经济效益、社会效益与环境效益相统一,贵阳市才能实现跨越式发展的目的。

贵阳市循环经济发展模式对于其他西部地区有很大的示范意义和作用。在国内,分工格局形成已久,西部地区的工业结构和东部地区相比较并不合理,主要特点包括以下两个方面:一是资源高消耗,污染高排放的能源和原材料工业占比较大;二是传统产业占有相当大的比例,这些传统的企业大多技术比较落后,并且生产设备也十分陈旧,不仅无法同东部先进企业相抗衡,也易引起环境污染,危害生态环境。2002年,西部地区GDP和工业增加值分别占全国的18%和15%,但其排放的工业废气、二氧化硫分别占全国的24%和30%。西部地区万元产值排放的污染物,要比东部地区高出1~5倍[1]。所以,西部地区唯有转变以大量耗能、耗损能源为代价来实现经济增长的方法,努力发展循环经济,主要特征表现在能源低消耗、回收利用等。唯有如此,西部地区有价值的资源才可以得到有效的保护,以及可持续地开发和利用,最终实现良性的发展。同时,西部地区也必须转变传统的经济增长模式,走新型工业化道路,建立起循环型社会,从而实现区域经济社会的全面协调发展。由此可见,循环经济对于西部地区跨越式发展而言,有着非常重要和关键的战略意义和作用。

西部地区大力发展循环经济,由于受发展阶段和技术经济条件等诸多因素影响,因此从某种意义上来说是一种跨越式的战略转型,也就是产业升级、经济转型前所选择的超前发展战略与路径。我国工业化初期阶段的基本特征是以粗放型为主要特征的生产要素配置方式。西部地区所遇到的技术和经济困难,必定远超东部地区,局部推进虽然难度不大,但是在大范围、全面推进的过程之中一定会遇到很多的困难和挑战。因此,在循环经济发展模式上,西部地区应结合当地资

---

[1] 魏琦,刘亚卓. 我国实施排污权交易制度的障碍及对策[J]. 商业时代,2006(24):65-67.

源优势，以改造现有工业体系、实现工业体系优化升级为核心和优先领域，构建循环经济发展模式。

在政策需求上，西部地区发展循环经济需要更多的外部支持，如经济政策支持和资金需求，所以国家应该提供更加强有力的外部支持，一方面在西部大开发优惠政策中，把资金、技术以及特殊政策扶持以一种巧妙的方式纳入其中，另一方面也应该对地方发展循环经济给予一些特殊的支持。

（二）贵阳市发展循环经济的模式和做法

循环经济建设为实现经济社会发展的大跨越、提高经济效益和提升城市发展势位提供了可行的途径和战略。贵阳市循环经济发展是与建设生态城市战略密切结合在一起的，2004年，贵阳市制定了循环经济型生态城市建设规划，明确了贵阳市循环经济发展模式和目标。

1. 抓住两个关键环节

生产和消费两个关键环节模式的转变。

2. 构建三个核心系统

一是循环经济产业体系框架，主要涉及三大行业；二是以水、能源和固体废弃物循环利用系统为中心的城市基础设施建设；三是构建生态保障体系，其中绿色建筑、人居环境等内容均属于该范畴，如图4-2-1所示。

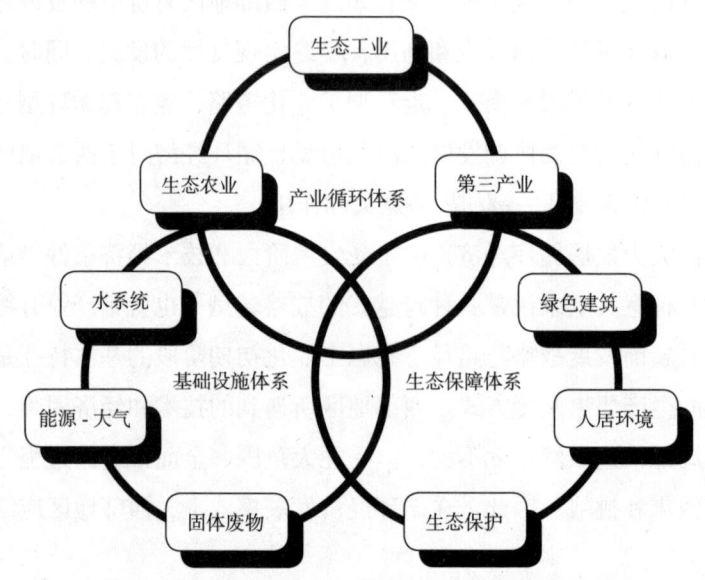

图4-2-1 贵阳市循环经济型生态城市建设整体框架

3. 推进八大循环体系建设

以循环经济规划为引领，贵阳市以立法的方式，制定《贵阳市建设循环经济城市条例》，以适应贵阳的现实需求，这是我国首部地方性发展循环经济的基本条例，通过法律的手段，广泛宣传和推行循环经济发展模式，合理、科学地指导污染预防及可持续的生产、消费。除此之外，贵阳市也实施多个循环经济试点项目，均取得不错的进步和发展。例如，山东兖矿集团决定联合开阳磷矿集团共同出资 25 亿元人民币，参与开阳磷煤化工（国家）生态工业示范基地的开发建设。

五、中国现行循环经济模式的局限及未来发展的战略重点

（一）试点地区循环经济发展模式的局限

目前，各地的循环经济试验示范模式大体上有两种情况。一是具有比较系统的模式体系。辽宁提出"3+1"模式，即企业、园区和区域 3 个循环和 1 个废旧资源综合利用产业；江苏模式包括循环型工业、循环型农业、循环型第三产业、循环型社会；贵阳和山东的模式与辽宁、江苏模式有相似之处，但根据当地特点，分类的粗细程度不同。二是还没有系统的模式体系，只是探索某一个方面或类型，如，清洁生产、生态工业园、生态农业等。

这些模式是各地根据当地实际情况提出的实践模式，对当地的循环经济试验示范发挥了重要的指导作用，但这些模式也明显带有对循环经济理解的地方痕迹，存在一些不足，尚难以指导全国的实践，需要系统提升。例如，"3+1"模型有两方面的不足之处：一是逻辑的对应不佳；二是内涵狭窄，实践起来也不方便。前者所谓的"3"就是循环经济，在 3 个不同层次上的表现，也就是"小循环""中循环""大循环"；"1"是突出了一个行业的重要性。同时，"小循环""中循环"和"大循环"往复的提法易使人产生误解，认为发展循环经济是建设各种循环圈，造成了循环经济本质上的模糊。后者在文字表述方面，看起来只是强调工业体系，对生产领域的生态农业等其他行业未作明确、清晰的界定，在实践层面主要涉及资源和能源利用方面，很少涉及生态保护、污染治理等问题。另外，与消费领域相关的东西还不够清晰完善。

其实，循环经济是在有效继承现有可持续发展理论和实践基础之上，概括和

归纳出来的中观层次理念思想与实践模式,是所有有助于社会经济活动"低消耗,高效益,低排放"实现的相关理论与技术的集大成者。因此,不需要制造一种不同于已经被人们普遍认同的生态工业和生态农业的新论断。此外,"循环型社会"的江苏模式主要是在消费领域当中开展循环经济的实践活动,尤其在废物再生利用行业,实际上现行叫法易产生歧义,原因在于循环型社会与循环经济,无论是外延,还是内涵,在当前理论学术界依旧存在着较大的争论。

总之,在当前有必要结合中国循环经济具体实践状况,以及循环经济的发展内涵,努力克服在实际工作中存在的各种问题和局限,对中国循环经济的发展模式进行深度的研究和探索,并提出科学化的战略重点,为各国选定优先领域,以便为全国循环经济的普及提供重要的决策支持。

(二)中国未来循环经济发展模式的战略重点

在对循环经济内涵界定的基础上,结合我国循环经济本质特征,可以将我国循环经济发展模式或者战略重点,概括、归纳为两大重点领域、四大重点产业体系,如图4-2-2所示。

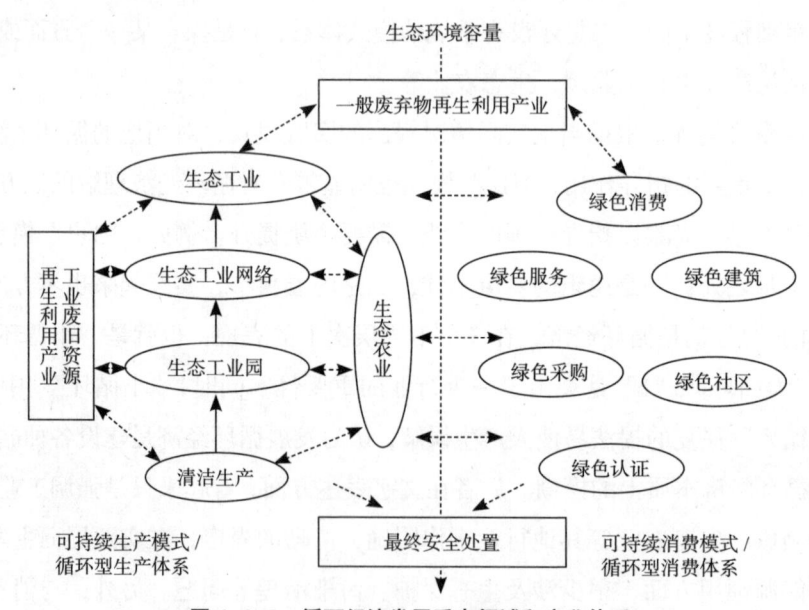

图 4-2-2　循环经济发展重点领域和产业体系

按照当前国际循环经济发展实践模式的经验,能够发现四大产业体系和两大重点领域的循环经济发展模式存在紧密的联系,两者之间相互支撑和渗透,无法自主地构成独立的循环与系统,所以区域层面的循环经济模式从实际意义上来说指的就是上述两个方面。

1. 生产领域

生产领域循环经济的发展方式是对涉及国民经济各行业转型与重构,使之朝着生态化的方向发展,强调的是构建生态的工业、农业体系,以及绿色服务业体系,其中生产领域中最核心的部分是对原有工业体系进行改造,构建完整的生态工业体系。

通俗地说,生态工业体系就是生态效率高的工业体系或经济效益好、污染排放量少、资源消耗较低的工业体系。它主要包括产业生态化、产品生态化、企业生态化、城市生态化以及区域生态化等内容。从现有认识、技术手段和实践经验的层面看,建立生态工业体系可从3个不同的层次实现。

一是企业层面的"小循环"清洁生产。企业想要实现清洁生产,必须建立起完整、有效的生态工业体系。在生态工业体系中,企业个体先要成为推行清洁生产的企业,因为企业是在生态工业体系当中是最基本的单元,处于非常重要的地位,不可忽视。

二是生态工业园区的"中循环"。从广义上讲,生态工业园区分为两类。一种是以企业集群为主体的物理园区,园区内由资源与能量流两者之间的连接继而形成的各种循环。目前,中国大多数正处于试验示范阶段的工业园区都属此类,这类园区可以通过建立虚拟组织、构建区域产业网络或发展绿色供应链进行整合,从而提高生态效率。另一种是在园区内同时存在企业群和社区,并且企业群和企业群之间并不会必然存在着自然的物质依赖关系。对此类园区建设而言,中国既要有创新的观念,又要有创新的标准,抓住园区的基础设施、公共资源及能源可以分享的机会,每一个企业都做到对清洁生产与环境管理体系不断改进、优化与完善,只要达到园区总体生态效率最大等循环经济重点内容就可以,不应无视和忽略客观的条件,违背市场规律,将物流与能流的"循环圈"人为联系在一起。

三是生态工业网络。从理论角度上看,在企业推行和实施清洁生产以后,不一定可以最大限度地实现企业内全部废弃物地再利用,一定会存在部分能被其他公司以有效的使用方式和手段回收的部分,并且必定有部分排放到周围环境之中。

其中，部分废弃物是不能被回收或处理的，需要重新加工和制造才能再次使用。实际上，现实生活中同样不能把全部实施清洁生产的公司剩余的有用废弃物全部使用掉，所以，为了消化这一部分的废弃物，需要构建工业废旧资源再生利用产业，建立废物无害化产业，对现有技术和经济条件不能使用的废弃物进行安全处置，把各公司联系起来，组建生态工业网络。

根据中国现阶段工业产业结构的特点，在构建生态工业体系的过程当中，除了需对高能耗、高污染产业进行优先的考虑以外，还需要对发展循环经济的适用技术开展深度的研究，努力探索适合产业发展的模式，如化工、煤炭等。这种模式下企业虽然没有与自然环境直接接触，但通过各种途径将生产过程、产品及废弃物进行回收再利用，并使其在区域内实现自然再生产或经济再生产。

在农业生产领域大力发展循环经济，应该持续强化生态农业体系的建设，在积极调整农业生产布局的同时，优化和完善产品的结构，对环境友好生态型农产品进行大范围的宣传和推广。综合利用和处理秸秆、畜禽粪便，发展沼气工程，最大限度地解决农村能源问题，从而快速推动农业生态系统能量与物质的多层次灵活利用以及良性循环，以达到生态效益、经济效益和社会效益三方的有机统一。目前，我国生态农业主要有种养结合式、林牧复合式、农牧结合式等几种类型。今后发展的重点在于建立健全相关法律法规及激励政策体系，以现有模型为依据，在扩大生态农业规模以及提高多种模式水平的时候，应该充分遵循循环经济理论及国家发展战略的不同要求。

综上所述，生态农业与工业两个方面共同构成了循环经济发展的重要"源头"，高度依赖于科学技术进步，同时对经济发展水平也有着较高的依赖性，虽然无法在较短的时间之内开展成本有效的综合和全面实践，但是能有所侧重，循序推进。目前，我国在发展循环经济中还存在着认识误区、制度缺失和机制障碍等问题。

2. 消费领域

消费和生产两者之间是相互因果的关系。我国正处于由传统农业向现代农业转变的关键时期，大力发展低碳农业已成为必然趋势。发达国家消费领域废弃物回收、再利用环节的举措，能持续地向生产领域输送再生资源，在使末端处理压力得到缓解的同时，延伸产业链，并且提供全新就业机会。从理论上讲，我国消费领域废弃物的再生产业发展虽然具有一定优势，但也存在着诸多问题，如缺乏相应法律保障，缺乏成熟市场等。企业利用生产责任者延伸制度，不断加强减量化和资源再利用，同时增强再循环和无害化。消费领域在技术和经济的可行性使其废弃物再利用环节在我国较易实现突破。

中国可从消费领域三个方面宣传和推进循环经济的抓手。一是环境标志、有机食品和节能产品的认证，如实施强制性产品认证制度，建立强制检验机构，加强产品质量监督检测体系建设等。二是建设生态节能建筑，积极打造绿色社区，这些工作将成为我国今后一个时期推动消费方式转变和产业结构升级的重要举措。三是多提倡公众的绿色消费，通过财政、税收和其他经济手段，鼓励和激励市民绿色消费，同时也要引导企业进行绿色技术创新。例如，对认证绿色产品生产、消费给予税收优惠，征收高额惩罚税收浪费资源和危害环境的产品等。

3.废旧资源综合利用产业

废旧资源综合利用产业在循环经济发展领域处于十分关键的地位，是重要的节点产业之一，有其特别的意义。在我国，随着国民经济和社会信息化进程的加快，以及国家对环保问题的日益重视，大力发展再生资源综合利用产业已经成为一项刻不容缓的任务。发达国家循环经济以废旧资源综合利用产业发展为中心内容，对中国来说，废旧资源综合利用产业也是循环经济体系中重要的一环。

实际上，在我国，废旧资源的综合利用已有相当长的发展历史，已初具规模。废旧资源的综合利用除了可以产生经济效益与环境效益之外，也能带来一定的社会效益。目前，中国钢、铜、铝、铅、纸等主要物资中，以再生资源作为原料的比例分别占到了20%、25%、16%、18%和50%以上[1]。废旧资源的综合利用通过新兴产业的发展，增加和提供更多的就业机会，解决了就业问题。研究表明，再制造业、再循环产业每产生100个就业岗位，采矿业和固体废弃物安全处理业将失去13个就业岗位[2]，将二者进行比较就会发现，再制造和再循环产业所产生的就业机会要大于它所降低的就业机会。

当前，中国这一行业的整体规模并不大，并且还存在很多的问题，如回收体

---

[1] 原创力文档. PCB边框料废旧线路板资源化再生利用可行性研究报告 [EB/OL]. （2021-07-17）[2023-01-08]. https://max.book118.com/html/2021/0707/8005053022003117.shtm.
[2] 挂云帆. 商业回收利用业模式设计 [EB/OL]. （2021-10-18）[2023-01-13]. https://www.guayunfan.com/baike/325109.html.

系不够完善、利用水平不高、产业化程度较低等，这与发达国家相比有很大差距。在我国市场经济转轨的时候，这种状况加剧，比较突出的问题是生活垃圾回收再利用。随着我国逐步步入消费型社会，产生了包装物、家电等新废弃物，因此，做强、做大我国废旧资源再利用产业，成为促进我国循环经济发展的重要着力点。

4. 区域层面循环经济发展模式

区域层面的循环经济发展模式是以上两个重点领域和四个产业体系循环经济实践的有机组合。目前在区域层面上的循环经济发展模式基本上都是与生态市、生态省建设紧密结合在一起的。也就是说实践的时候，在循环经济的理念与方法的科学指导下，将建设生态市、生态省作为重要载体，共同促进区域经济发展方式转型，走向可持续发展之路。

循环经济作为一种新的经济发展模式，是按照"减量化、再利用、再循环、无害化"原则对社会生产和再生产活动中的生产、流通和消费等环节进行物质流动方式和资源能源效率调控，建成具有高生态效率和可持续性的经济发展模式，是一个经济范畴的概念。

生态市和生态省其实就是生产发展、生活宽裕以及生态环境较好地区，是具有丰富性、具体性内涵的空间概念，也是特定发展阶段的象征，是一个地区充分实现可持续发展的目标。

例如，对生态城市的区域循环经济发展模式及其关系进行深度的分析（图

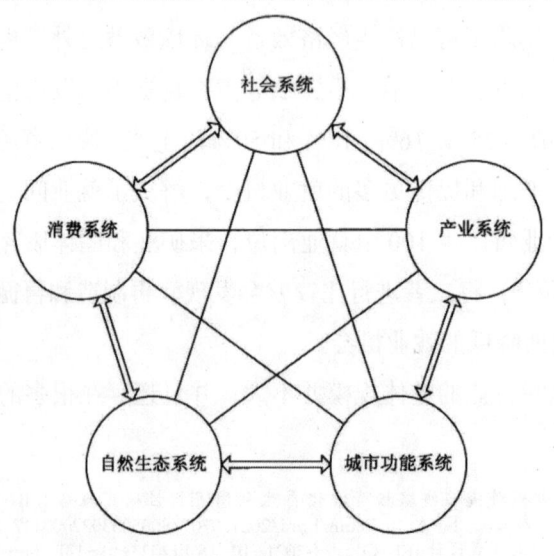

图 4-2-3 区域层面的循环经济维度和支撑体系

4-2-3），在此基础上，提出了建设生态城市应注意的问题。循环经济在生态城市中发挥着重要作用，它是一个地区内经济系统，是产业体系与消费体系的综合，而非全部整体，它具有整体性、协调性和可持续性特征。除此之外，生态城市也包括生态环境系统、社会系统构成等。因此，只有把区域内的各个子系统有机地联系在一起，才能真正发挥区域循环经济系统对整个区域经济社会可持续发展的促进作用。单纯的"资源能源消耗少，环境负荷轻，经济效益好"循环经济体系，不仅无法真正实现可持续发展的全部目标，也不能实现生态城市的目标，需要不断优化、完善基础设施体系、生态景观等，并且将其作为坚实的后盾，只有具备了以上条件，才可能真正成为生态城市。类似地，只有生态环境优美、社会体系公平的城市，并不是真正的生态城市，还应该具有经济发达、生活质量高，社会公共服务体系健全的特点，尤其应做到经济和环境协调发展。要想达到这一协调发展，就要走循环经济发展之路，唯有如此才能真正使人类生存在一个和谐的世界中，否则城市生态环境系统、基础设施体系与社会系统良性发展等将会受到"高消耗，低效益，高排放"等经济系统的影响和制约，同时生态城市这一目标也不可能实现。因此，发展循环经济，既能提高资源利用率，又能减少环境污染和温室气体排放量。大力发展循环经济，在生态城市建设中占据着核心地位，也是不可忽视的重要抓手，城市具有循环经济理念，建立循环经济体系，城市才能以最节省、最有效率的方法运转，换句话说就是用最省钱、最有效率的方法来建设生态城市。

因此，区域层面的循环经济发展模式，其重点在于改造和重构区域消费系统、区域产业系统，使区域的经济活动主体向生态化方向转型。自然生态系统是区域生存和发展的基本物质基础。城市功能系统（城市基础设施建设）同样也是维持城市区域正常运转的重要支撑系统，可以将循环经济理念和方法渗透到城市功能系统的方方面面。社会系统是城市服务的对象，又是城市管理和发展的机体，循环经济发展的最终目标是以人为本，为社会系统服务。上述五个系统中，经济系统和生态环境系统是循环经济发展的主体，区域循环经济发展以解决经济增长与资源环境的矛盾为主线，是"经济与环境"的二维概念。

第五章　中国低碳与循环经济的发展实例研究

本章讲述的是中国低碳与循环经济的发展实例研究，主要是从四个方面内容进行详细论述，分别为中国低碳农业发展、中国低碳能源发展、中国园区层面的循环经济发展和中国社会层面的循环经济发展。

第一节　中国低碳农业发展

一、低碳农业与传统农业

农田开垦和连片种植引起自然植被减少，农药的使用破坏了物种多样性，化肥造成了环境污染，品种选育过程的单一化及其大面积推广，造成了对其他农产品品种的排斥……如果用碳经济的概念来衡量，这种农业就是一种"高碳农业"。要使我国从这种以牺牲生态环境为代价，取得农业经济发展的道路中走出来，就必须摆脱这些传统的生产模式，实现人与自然的和谐相处。

低碳农业作为一种全新的理念和策略，就是针对上述粗放型道路提出来的。其目的是促成人口、资源、环境等的协调发展，核心是把低碳经济理念引入农业生产的全过程，是低碳经济理念在农业经济发展中的应用和推广，是一种以追求更大经济效益、消耗更少自然资源、造成更低环境污染、排放更少含碳量和促成更多劳动力就业为目标的先进农业经济发展模式。其遵循生态系统和经济活动的基本规律，以提高经济效益为动力，以绿色 GDP 核算体系和可持续发展评估体系为导向，通过农业技术创新体系、运用现代科学技术、调整和优化农业生态系统内部结构及产业结构，延长产业链条，最大限度地减轻环境污染和生态破坏，以环境友好方式实现污染废弃物的循环利用，促进农业持续稳定发展，最终实现经济效益、社会效益、生态效益的统一。

低碳农业的实质就是要以环境友好的方式利用资源进行农业再生产或能够进行资源的再利用,把农药、化学肥料的投入量控制在必要的最小限度,在实现资源节约与生态环境保护、农产品安全生产的同时,保持较高的农业生产力水平,实现农业经济活动向循环、低碳的转化。这不仅要求以低能耗、低污染、低排放原则统筹农业资源,实现种植业、林业、渔业、畜牧业和农产品加工业与消费领域之间的协调,更要把农业相关上下游产业经济活动组织成"自然资源—清洁生产和消费—再生资源"的经济循环链,从而形成一个比较完整和闭合的产业网络,最终实现资源的有效配置,废弃物的循环利用和环境的可持续发展。

"低碳农业"这一概念把生态环境保护和农业经济发展作为一个有机的整体,统筹考虑,在我国目前人口剧增、资源短缺和生态环境恶化的严峻形势下,对于解决三农问题,处理好人口、资源与环境的关系,促进资源永续利用和保护生态环境,实现农业可持续发展具有重要的意义。

二、创新低碳农业发展模式

(一)立体种养的节地、节水、节能模式

1. 养殖食物链型模式

养殖食物链型模式以家庭养殖业为主,以各种畜禽的食物反刍关系来提高物质循环和能量转换的效率,从而取得最佳的综合效益。例如:饲养鸡或鸭,以其粪便喂猪,猪粪进入沼气池,以沼气照明、做饭、取暖,沼气肥液再喂猪,沼气肥放入田间做肥料。

2. 空间种养型模式

空间种养型模式能充分利用底院空间,以多层次立体型结构在有限空间内合理地利用安排各种种养业,以达到减小种养面积、节省空间、增加收入的目的。例如,上层空中饲养肉鸽,中层栽培葡萄,葡萄架下养兔、鸡等。

3. 立体水面混养模式

立体水面混养模式以解决当前养鱼生产中存在的大塘饲养过稀、小塘饲养过密以及饲养品种单一,饲料不足或只放不养等问题,在塘边、库坝上种植牧草,

水面饲养鹅、鸭，水中上、中、下三层饲养白鲢、草鱼、鲤鱼。以牧草喂鱼、喂鹅，鹅、鸭粪喂鱼。

（二）三品基地模式

"三品"是无公害食品、绿色食品、有机食品的总称，是农产品生产的三个不同级别的质量安全标准认证，是对质量安全的农产品或食品的标识和称谓。

目前，在全国各个省市均已开始建立自己的基地，如，安徽蚌埠已建成包括无公害农产品、绿色食品、有机食品在内的安全、优质农产品生产基地近200万亩；建成25个无公害农产品产地；绿色食品获证企业基地检测总面积为167.4万亩，认证总产量32万吨；无公害农产品产地总面积30.3万亩，无公害农产品认证总产量17.8万吨，加上禾泉农庄220亩有机农产品生产基地，该市农业"三品"基地建设格局已搭建完成。素有"中国菜篮子"之称的农业大市山东寿光，2008年蔬菜种植面积达到80万亩，冬暖式大棚发展到40万个，农民专业合作组织已经有128个，会员总数达到3.9万人，辐射带动40%的村，约17万农户[①]。通过这种规模化的种植、经营，万亩西红柿、万亩胡萝卜、万亩辣椒、万亩芹菜等十几个成方连片的蔬菜生产基地脱颖而出，实现了区域化布局、规模化经营和专业化生产。推动"三品"基地建设，首先要广泛开展"三品"的宣传和培训，规范生产经营行为。充分利用新闻媒体，大力宣传"三品"产品，提高全社会对"三品"的关注和了解程度。同时加强对种植户、养殖户、生产管理人员和技术人员的培训，使他们了解和掌握"三品"发展的政策、法规以及生产、加工、贸易等方面的基本要求和技能，包括认证申报的相关程序等，从而实现对"三品"生产各环节的参与和监督。其次政府要加大扶持力度。各级政府应切实采取政策措施，从资金支持、科技投入、价格保护等方面扶持"三品"发展；建立激励机制，对"三品"生产企业给予政策优惠，重点扶持有实力和科技含量高的生产企业，加快生产开发高、精、尖的食品，通过规模效应带动"三品"发展。再次要加快完善标准化体系建设，大力推进"三品"标准化生产。围绕建设优质、安全、低碳农业，制定各类技术标准，建设各类农业标准化生产示范基地，为广大农业生产者实行标准化生产提供样板，推动农业标准化生产的普及，切实加强农业标准

---

① 刘京. 新时期我国低碳农业生态创新发展模式的探索 [J]. 新财经：理论版，2013（1）.

体系建设，为全国"三品"认证打下坚实的基础，以提高农业的质量、效益和竞争力。

（三）以循环农业园区为方向的整体循环农业模式

区域产业循环模式是将种植业、养殖业、农产品加工业和生物产业四个子系统纳入整个循环农业体系的闭合路径中来，通过由生产到消费的外循环及废弃物资源再利用的内循环两条循环流程的物质流动，实现区域内不同产业系统的物流与价值流的共生耦合及相互依存，最大化延伸产业链条的发展模式。

作为一个生态系统，区域循环农业系统比庭院循环农业、乡村层次循环农业和园区循环农业的人工子系统无论在构成上还是在功能上都复杂得多。但由于各地的生态条件、经济条件和社会条件不同，各区域的循环农业模式也不尽相同，一般来讲，区域循环农业系统是种植业、果园林地、畜牧业、加工、能源、人群等多个或全部亚系统组成的综合系统。

按照《全国农业和农村经济发展第十一个五年规划》对农业区域和产业布局的要求，目前探讨循环农业园区的发展模式重点在农业资源的节约与高效利用、农业废弃物的资源化利用、农业产业链延伸过程中的清洁生产以及农村社区"清洁化"建设等方面。

依照该要求构建农业循环经济产业体系具体应包括以下三个层面的内容：

一是微观层面，以企业、农户为主体，以科技进步为动力，以清洁生产为手段，以提高资源利用效率、减少废弃物排放为主要目的，努力构建区域全新的循环农业发展新模式。

二是中观层面，以循环农业产业园区为重点，以企业、产业之间的循环链建设为主要途径，以实现资源在不同企业、产业之间的充分利用为主要目的，建立起资源的再利用和再循环的农业循环经济机制。

三是宏观层面，以区域为整体单元，以低碳经济为最高目标，以农业结构调整和产业升级为主要途径，理顺低碳农业发展过程中的种植业、养殖业、农产品加工业、农村服务业等相关组成的产业链条，形成资源、产品、消费品与废弃物之间的转化与协调互动，通过合理的生态设计及农业产业的优化升级，构建区域人口共同参与的循环农业经济体系。

三、低碳农业发展措施

（一）加强低碳农业的宣传教育

利用各种途径和方法，广泛传播低碳农业的发展理念，在广大农村地区形成推进低碳农业发展的良好社会氛围。

一是要认真学习，深刻领会，并不断通过实践把低碳农业思想和模式有效地运用到农业生产实践中去；二是要加大宣传力度，要通过广播、电视等新闻媒体广泛宣传，使广大干部和农民群众能够将其变成一种自觉的行动，营造良好氛围；三是要普及推广各类低碳农业新技术，重点利用广播、卫星电视、网络、光盘等现代媒体与技术，结合宣传卡片、村务公开栏等形式，对广大技术人员、农民示范户开展更实际、更便捷、更有效的培训，确实做到"政策措施落实到村，技术要领普及到户"，把农业资源的低碳利用、农村环境污染控制有效地应用于生产和生活之中。

（二）研究制定低碳农业发展规划

低碳农业的发展，必须结合当地的实际情况，先易后难，分期、分批地建设低碳农业示范基地。要在广泛综合调查研究的基础上，深入了解我国的农业资源和农村环境状况，根据当地自然和农业经济状况，确定低碳农业的适宜发展区域、次适宜发展区域、不适宜发展区域及范围，为低碳农业的发展提供依据。以农村可再生能源开发、农业资源高效利用、农业废弃物转化和农村社区清洁化建设为重点，明确未来低碳农业发展的思路、目标和任务，确定不同地区低碳农业发展的模式和方向并提出相关配套措施。要在完善规范制度的基础上，制定相应的行政规范、组织原则、技术标准，为低碳农业的发展提供保障。要在综合分析、科学论证的基础上，确定各地低碳农业的发展目标、重点产业、优势特色，为低碳农业的发展打好基础。要总结适宜不同类型地区的低碳农业发展模式和技术，按照自然资源状况和经济社会条件，考虑各地区农业生产结构和生产方式，优先在农业高度集约地区、生态脆弱地区、重要饮用水源地、南水北调东中线沿线等地区制定节地、节水、可再生能源利用、废弃物资源化利用和清洁生产等专项规划，启动低碳农业建设。

（三）加强推进低碳农业技术创新体系建设

低碳农业，除了需要确保农业高产和卓越的质量以外，还应该确保所生产的产品安全，以及要有效改善生态环境。当前，我国正处于由传统农业向现代农业转变的关键时期，大力发展低碳农业已成为必然趋势，这就给农业研究带来了更新、更多的要求，专业技术人员要始终围绕低碳农业发展中技术关键点，进行深度的科技攻关。

一是选育安全性高、品质好、产量高、高抗逆性的全新品种，以便在少用甚至不用现代化学肥料、化学农药的情况下，较好地维持单产水平稳步提高。

二是积极研发新的生产资料，如肥料、农药和其他生产资料。目前，我国化肥用量虽然逐年增加，但仍不能满足农产品需求增长和生态环境保护需要，尤其是氮肥过量施用造成耕地土壤板结、盐碱化程度加剧。化学合成品生产资料一方面推动了农业进步，另一方面也带来有害物质的残留，导致生态环境被破坏等，这些都是目前我国农业面临的严峻挑战。所以，研究和开发基于天然物质的材料是非常重要的，其作用可媲美化学合成品，并且无残留，是利于改善生态环境的新型低碳农业资料，如肥料、农药等，从而完全代替化学合成品的农业生产资料。

三是不断完善农业废弃物无害化、无毒化的利用技术。通过对传统农业废弃物综合利用方式的优化与改造，使其成为低碳型农产品。改善生态环境，从某种意义上来说是发展低碳农业的一个目标，不仅要采用无残留的生产资料，低碳农业还应该对清洁生产、物质循环利用进行重点的强调。通过对农业废弃物进行资源化处理和再利用，减少温室气体排放、保护大气环境，从而实现经济和生态可持续发展，实现农业废弃物无害化利用技术研发与应用，可以在资源的循环利用，以及在清洁生产的过程当中持续增加农业综合效益。

（四）加大对低碳农业发展的资金支持力度

要想大力发展低碳农业，必须有雄厚的资金作后盾，需要将信贷、税收等经济杠杆的作用充分发挥出来。

要多渠道筹措资金，加强对发展低碳经济资金投入长效机制的深度研究和探索，发挥和利用市场在资源配置中的功能，不断强化循环农业政策的支持力度，利用贴息、补助和其他财政杠杆，正确、科学地引导各类社会资本逐渐向农业倾斜，多渠道筹措发展循环农业经济所需经费，促使政府、企业以及农民通力合作，共同推动低碳农业向健康的方向发展，同时要充分发挥金融在推动发展低碳农业方面的重要功能，完善低碳金融法律制度体系，创新融资工具和手段，为低碳农业提供有力保障。

二是建立政策性的农业保险公司的同时，设立专门的农业风险基金，有效避免和降低农业风险，增强发展低碳农业的热情、积极性和主动性，通过农村金融机构，提高农业贷款份额，扶持农户与企业健康发展农业循环经济。同时要加强对农户及农业生产经营组织的宣传教育工作，鼓励其参与到发展低碳农业中去。

三是对现有财政支农资金结构进行恰当的调整，强化低碳农业扶持。制定科学化的生态补偿制度，合理实行生态效益的补偿，完善相关法律法规，加强对环境的监督管理，促进低碳农业健康快速发展。严格按照"谁污染、谁治理，谁受益，谁支付"的有关原则，对农业生态环境破坏具体补偿标准进行清晰明确的界定，制定严格管理的规则，加强污染治理。除此之外，各级政府要适当安排农业发展专项资金，对生态效益进行合理的补偿，以便激励农户积极采纳农业技术，激发企业主动研发生产低碳农业需要的工艺和装备。

第二节　中国低碳能源发展

在任何时候能源都是经济发展的主要动力。从19世纪的煤炭经济到20世纪的石油经济都是以化石能源为基础进行大力发展的，因此也造成了大量的碳排放。在当今社会，低碳经济成为一种新的经济发展模式，作为发展核心的低碳能源只有经历革新和长足发展才能改变目前世界上对于化石能源过度依赖的局面，碳排放才能从根本上减少，气候变化的速度才有可能减缓下来。

一、低碳能源概述

低碳能源是相对于高碳能源而言的。但是这一概念是推进高碳能源低碳化到一定阶段之后才出现的。

(一)低碳能源的内涵

低碳能源是伴随着低碳经济的出现而产生的一个新的概念,目前国内外还没有一个统一的认识和定义。一般来讲,低碳能源有狭义和广义之分。从狭义层面讲,低碳就是指含碳分子少或者没有碳分子结构,具有这种分子结构特点的能源就可以称为低碳能源,这种新能源的燃烧生成物中少量含有或者不含有二氧化碳等温室气体,可以缓解因温室效应带来的全球气候变暖等不利于人类生存发展的问题。广义上的低碳能源指的是既节能又减排,可以适应人类发展方向和未来经济发展模式的能源。

低碳能源的内涵至少有以下三层含义:一是可持续发展的能源,即能源本身的可持续发展。人类面临着化石能源枯竭以后如何使用可持续能源的问题,低碳能源的出现正好切合时机。二是节能减排的能源。这与能源的高效实用和防止大气污染、气候变暖密切相关。三是推动经济可持续发展的能源。低碳能源的发展不仅在当下是应对金融危机、刺激经济的新增长点和增加就业的重要手段,而且是今后经济长期发展的重要推动力量。从更广阔的视角来看,低碳能源更表示一种新的经济增长模式,在低碳能源的推动下实现经济、社会、环境的可持续发展。

(二)低碳能源的特征

低碳能源是在低碳经济的基础上提炼出来的一种说法,囊括了绿色经济、循环经济发展过程中的一些提法,克服了它们往往只以低耗能、低排放、低污染中的一个或某几个方面来阐述的片面立场。对其内涵的认识,低碳能源的基本特征可以概括成以下三点:

第一,可再生的、可持续应用的能源。传统能源的最大缺点就是不可再生性,人类必须考虑传统化石能源枯竭以后能源的开发问题。可再生是未来能源必须具备的一个特征。

第二,能源的高效性,适应环境性能好。对任何产业,特别是汽车这一消耗能源的大产业来说,能源的高效性就显得格外重要。低碳能源环境适应的良好性保证了其使用的可持续性。

第三,节能减排效果的显著性。例如,太阳能、水能、核能等低碳能源可以完全做到零排放。而作为低碳能源之一的天然气,其燃烧所释放的二氧化碳的排放量也只是煤炭燃烧排放量的75%，这大大减轻了环境的压力。

（三）低碳能源与传统能源、新能源

传统能源也可称为基础能源或者常规能源。一次能源作为主体是被称为"基础"的原因，技术成熟是称为"常规"的原因。总的来说，"现已规模生产和广泛利用"的能源都属于传统能源范围，常见的有石油、天然气、水能和核能，这个排列顺序也对应了碳含量的由高到低。传统能源的使用总是伴随着高消耗、高排放、能源使用效率低、环境适应性不好等后果。人类从产业革命以来大量地使用化石能源，在经济飞速发展的同时也大大破坏了我们生活的环境。而低碳能源是在现代技术水平飞速发展的基础上，更加注重新技术的应用和能源的环保。从一般意义上讲，低碳能源的排放标准可理解为以下三种情形：一是温室气体排放的增长速度小于国内生产总值（GDP）的增长速度；二是温室气体绝对排放量的减少；三是二氧化碳温室气体的零排放。可见，低碳能源是可以减少二氧化碳排放量、使用效率高、环境适应性好、可再生、可持续的一类能源。

低碳能源的内涵主要是以温室气体排放强度为标准的，而新能源的定义是相对传统能源或者基础能源而言的，主要是指常规能源之外的，如太阳能、风能等能源。新能源的概念是以应用时间作为区分标准的，并不是技术性的概念。可再生能源则泛指以可再生资源为基础的、在人类历史时期内都不会耗尽的能源，如太阳能、风能、水能、生物质能等非化石能源。清洁能源（或绿色能源）是指对环境无污染或有较少污染的能源，如水能、太阳能、风能。在一般情况下，可再生能源和清洁能源也属于低碳能源，而新能源中的大部分能源也是低碳能源，但低碳能源可能是传统能源（水能），也可能是可再生能源（太阳能）和清洁能源（风能）。尽可能扩大新能源的生产和使用，尽快改善我国的能源构成，这是我国能源发展战略的主要内涵之一。

（四）极具发展潜力的低碳能源

1. 太阳能

在传统化石能源的使用带来一系列问题的同时，人类开始把目光投向那些新型的清洁能源，太阳能就是人类最为关注的能源之一。太阳能的优点有以下几个方面：

（1）普遍。世界上的任何角落都能接收到来自太阳的能量，山川岛屿、海洋陆地，无需消耗太多的人力和物力进行开采和运输，可以最快最直接加以利用。

（2）无害。太阳能被称为最清洁的能源之一，即使是大力的开发和利用也不会给自然环境造成破坏和污染。

（3）巨大。太阳的能量是巨大的，即便是经历过大气的消耗和分散，每年辐射到地球表面的能量仍然相当于130万亿吨标煤，总量属于目前世界上最大的可开发能源。

（4）长久。从科学家给出的太阳产生核能的估算速率来看，太阳体内贮存的燃烧的氢的能量足够维持上百亿年，这个时间对于几十亿年寿命的地球来说是取之不尽用之不竭的。

2. 风能

在自然界中，风是一种可再生、无污染而且储量巨大的能源。随着化石能源的大量使用、油价不断上涨，环境愈加被人们所重视。风能是唯一可以大规模开发和应用的可再生能源。随着风能发电技术的成熟，风能也成了解决人类能源需求的主要手段之一。风能的利用主要是以风能作动力和风力发电两种形式，其中又以风力发电为主。

3. 核能

核电是清洁高效的能源。核电产生的能量来自原子结构的变化，相对于火电而言，具有显著的清洁特性。核电站用30吨的原料发出的电量，就可以抵得上260万吨煤的火电站发出的总电量。核电站一年产生的二氧化碳是同等规模燃煤电站排放量的1.6%，而且不排放二氧化硫、氮氧化物和烟尘，发展核电是改善环境的重要途径之一[1]。此外，核电发电成本也普遍低于燃煤、燃油发电成本。

4. 水能

在新能源领域，水能的开发程度在低碳能源战略的发展中显得越来越重要。不管是现在还是过去，水能所具有的巨大储备能力为世界的能源供应作出了很大的贡献。

---

[1] 个人图书馆. 新核能让你忘记切尔诺贝利[EB/OL]. （2010-06-17）[2023-01-11]. http://www.360doc.com/content/10/0617/21/1336297_33667180.shtml.

5. 生物质能

生物质能指的是自然界中有生命的生物以化学能的形式储存的太阳能，而储存这些能量的载体就称为生物质。生物质可以是动物、植物和微生物，也可以是以植物、微生物为食的动物所产生的废弃物。除去矿物燃料外，木材、动物粪便、农业废弃物，以及水生植物、城市和工业的有机废弃物等都属于生物质能的范畴。目前，全球每年光合作用产生的物质高达 1730 亿吨，这些物质蕴含的能量相当于全球总能源消耗的 10~20 倍，但是目前的利用率只有不到 3%。[①]

随着科学技术的进步，人类对大自然的认识将进一步深化，新能源的开发和利用也将更加广泛。目前已知的、尚待大规模开发的有地热能、氢能、海洋能、可燃冰等。

二、全球低碳能源开发和利用的新趋势

全球资源状况处于日益衰竭的状态，尤其是以化石能源最为严重，加上因为大量使用化石能源带来的环境问题，低碳能源研究、开发和产业化发展成为日渐紧迫的问题。低碳能源的开发和使用将给世界经济格局带来巨大的变化，并在后金融危机时代占领全球经济技术发展的制高点。全球低碳能源开发和利用的新趋势主要表现在以下三个方面：

（一）能源提供方式的改变

清洁能源和低碳能源将逐渐在国际能源体系转型的过程中成为下一代能源体系的主导因素。在人类社会发展史上，能源的利用经历了三个阶段，分别是柴薪时代、煤炭时代和石油时代。在两次能源转型后，以煤、石油、天然气为主要成分的化石能源成为能源体系中的主导，对人类社会的进步起到了巨大的推动作用，人类社会得以从农业时代过渡到工业时代。但是由于社会生产力不断发展，生产和生活对于能源的需求量逐渐增加，人们逐渐发现化石能源的不可再生性、地域分布不均衡以及燃烧物危害自然环境等成为社会发展中急需解决的问题。国际能源体系进入了新的发展拐点。面对日益严重的气候问题，国际社会上许多国家提出了有关未来能源的战略举措，他们将不可再生的化石能源替换为清洁能源和低

---

① 中华人民共和国自然资源部. 发展新能源前景广阔 [EB/OL]. （2009-04-20）[2023-01-09]. https：//www. mnr. gov. cn/zt/hd/dqr/40dqr/kczy/200904/t20090421_2054782. html.

碳能源，以实现碳排放的降低。目前欧洲、美国和日本等国家已经在实施有关举措并提出了远大的发展目标。例如，欧盟提出到2020年和2050年，可再生能源占能源消费的比例将分别达20%和50%；日本设想到2050年可再生能源等替代能源将占能源供应的50%以上；中国则计划在2030年前后，使包括水能在内的可再生能源占全国能源需求的20%~30%[1]。

（二）能源运输方式的改变

传统的以电网、固网等方式进行能源运输的传统方式，不仅运输效率低，而且会造成很大程度的资源浪费，并且会受到区域、地理环境和天气等不可抗因素的限制，给能源运输带来了很大的局限性。经过不断地研究和发展，目前正在进行的智能电网的普及将会大大改善这个问题。智能电网是一种具备人工智能条件的电力供应网，通过机动整合和调配用电供需，达到电力管理的最佳节能模式，从技术手段上解决了传统供电方式的缺点。智能供电系统的主要功能包括四个方面：

（1）供电数据实现了双向互动智能传输，便于各地区实行动态阶梯电价。

（2）传感器的使用让发电、输电、配电和供电等关键环节的重要设备的运行状况和运行数据可以得到实时监测，方便供电部门在不同区域间调度和平衡电力供应缺口，实现整个电力系统的优化管理。

（3）将新型可替代能源接入电网，如太阳能、风能、地热能等，实现分布式、全面的能源管理。

（4）智能供电系统可以作为互联网路由器，为其终端用户提供通信、宽带和电视信号等服务。

中国在实施智能电网改造的初期只需要3000亿到5000亿元的前期投入，但是在建立和完善变压器、智能终端和网络管理等设施环节的过程中，对于相关行业的技术发展起到了很大的推动作用，每年可以拉高1~2个国民经济百分点。在"十一五"期间，国家每年有超过100亿元的资金投入中国电力信息化的建设当中。如果从现在开始进行互动电网的建设投资是可以获得比较可观的收益的，继续扩大投资规模的话，中国将有可能成为主导全球互动电网变革的领军者[2]。

---

[1] 杜祥琬. 中国可再生能源发展战略研究丛书·综合卷[M]. 北京：中国电力出版社，2008.
[2] 北斗民商大数据. 智能电网——离中国有多远?[EB/OL]. （2022-12-23）[2023-01-13]. http://beidoums.com/art/detail/id/8813.html.

国家电网结合基本国情和特高压实践，确立了加快建设坚强智能电网的发展目标，即加快建设以特高压电网为骨干网架，各级电网协调发展，具有信息化、数字化、自动化、互动化特征的、统一的坚强智能电网。国网公司将按照统筹规划、统一标准、试点先行、整体推进的原则，在加快建设由 1000 千伏交流和 ±800 千伏、±1000 千伏直流构成的特高压骨干网架，实现各级电网协调发展的同时，分阶段推进坚强智能电网发展。到 2020 年，中国全面建成统一的坚强智能电网。

（三）能源消费方式的改变

在过去世界经济的发展过程中，消费的主要能源以传统能源为主，高碳能源的消耗带来了经济的发展，也造成了环境的破坏和经济社会发展的不可持续。美国经济的发展和日本经济的振兴主要还是依赖于石油和煤炭，而我国经济的高速增长在某种程度上是以高能耗和环境的恶化为代价的。能源是可能持续发展的支点，如果能源消费方式保持不变，那么未来的能源需求无论从资源、资金、运输还是环境方面都会给社会带来巨大的压力。因此，转变能源的主体，改变传统能源的消费方式，实现能源、电力结构多样化，坚持节能，是世界能源消费方式发展的一大趋势。

能源消费方式的转变还体现在汽车和建筑方面，如使用低碳的建材，开发以清洁能源为动力的汽车，大力提高天然气在国家能源中的结构比例，积极开发氢燃料等清洁型动力能源。目前，世界上一些国家的能源消费结构已经向着高效、清洁、低碳或无碳排放的新能源和可再生能源的方向转变。在过去几年间，美国共出台了《21 世纪清洁能源的能源效率与可再生能源办公室战略计划》《国家能源政策》等 10 多个政策和计划来推动节能，对新建的节能住宅、高效建筑设备等都实行减免税收政策。自然资源缺乏的日本从 1979 年开始实施《节约能源法》，对能源消耗标准作了严格的规定并对一些节能设备的企业提供一定的税收优惠。为了鼓励节省能源，英国在提高能效方面有一系列的立法保障和政策引导。此外，发达国家政府率先在政府机构开展节能和提高能源利用效率的行动，并以此来推动整个社会的能源消费方式的转变。我国要想转变能源的消费方式也必须坚持长期节能的方针，制定有效的引导性政策、依靠科技进步，提高节能的效率，提倡建立节约型社会。必须着重优化消费结构，合理引导消费方式，在消费领域全面推广和普及节约技术，鼓励消费者选择能源节约型产品。

三、中国低碳能源的发展道路

我国风能、太阳能等新能源的发展速度在世界上是领先的。我国必须用新的战略眼光来看低碳发展，用创新的理念来发展低碳能源，把发展低碳能源的目标纳入"十二五"规划中，作为约束性指标，并采用经济的手段调控。低碳能源产业的发展必须走市场化道路，必须服从市场规律。在这些方面，我们可以尝试学习国外成功经验，针对低碳能源行业出台相关鼓励政策来促进产业发展。地方政府要实现理念转变，作好发展规划，减缓钢铁、水泥一类高碳产业的发展速度，树立科学的发展理念，转变经济发展方式，以保持我国经济的高速和可持续发展。

低碳经济发展将有力推动低碳能源的发展。现代社会的汽油、柴油等交通燃料和烯烃、芳烃等重要的化工基础产品均以石油为主要原料，导致从农业、制造业、采掘业等生产部门到交通、基础设施、生活和消费模式都与石油及其相关产品密切相关，人类经济活动对石油这种依赖形成了石油经济模式。但这一石油模式随着经济和社会的发展已经不能再适应人类的发展了，人类社会必将走进低碳社会。可是由于技术和管理水平的相对落后，中国目前的工业能耗水平与国际先进水平相比差距较大，能源消耗严重浪费。总体经济水平的落后对我国发展低碳能源形成了一定的制约。另外，替代型能源和新型能源关键技术的研发产业化和碳捕集技术的研究也不能很好地为低碳能源的发展提供动力。大力推进低碳发展，如引进国外低碳能源技术和人才、推动社会的低碳消费，对我国的低碳能源产业的建设和发展都有着极其深远的意义。

（一）中国低碳能源开发和利用的瓶颈

1. 能源约束明显，分布不均衡

中国有着丰富的资源储量，煤炭资源占主导地位，天然气和石油的储量相对不足，油页岩、煤气层等非常规化能源储备有相当大的潜力，每年的发电量排名世界第一。可是中国的人口众多，人均资源拥有量在世界处于较低水平的状态。

煤炭的人均资源是世界平均水平的50%，石油、天然气的人均资源占有量仅是世界平均水平的20%，土地资源不足世界平均水平的30%[①]。此外，中国的能源资源分布不均衡、开发难度大，存在一定的供需矛盾。中国的煤炭能源主要分布在华北、西北地区，石油、天然气主要分布在东、中、西部和沿海的一部分海域，水力能源主要分布在西南地区。由于地区能源的差异性，沿海地区是能源的主要消费区，这也就决定了中国大规模、长距离的能源流向的基本格局。中国的煤炭能源的地质开采条件差，大部分需要井工开采。石油、天然气能源地质条件复杂，勘探的技术要求较高。

未开发的水力能源多集中在西南部分地区的深山和高谷，开发的成本和难度很大。非常规能源的勘探程度低、经济性差、缺乏竞争力。

2.低碳能源关键技术自主创新还不够

目前，中国尚不能最大限度地利用现有的低碳能源，使低碳能源成本普遍偏高。

3.能源利用效率低

根据国家能源局的资料显示，能源在其消费过程中浪费惊人，利用效率只有33%，比国际先进水平低10%左右。主要建材行业（钢铁、水泥、玻璃和铝）和建筑耗能占中国总能耗的50%以上。高能耗带来的后果是环境压力的增大[②]。

4.能源消费结构不合理，CO_2排放总量大

中国"富煤、贫油、少气"的能源结构，决定了能源生产以煤为主的格局在今后较长时期内仍不会发生根本性的改变，加上能源利用效率低，造成中国碳排放的形势相当严峻。煤炭是中国的主要能源，以煤为主的能源结构长期以来很难改变，相对落后的煤炭生产方式和消费方式，加大了环境的压力。煤炭的燃烧造成大气污染，其排放物是温室气体的主要来源。

（二）中国低碳能源发展的机遇

1.低碳能源成为后金融危机时代全球经济增长的新引擎

低碳能源已经成为西方发达国家经济复兴与发展的重要驱动力。例如，前

[①] 人人文库.我国存在的能源安全问题及其对策[EB/OL].（2021-11-08）[2023-01-09]. https：//www.renrendoc. com/paper/161817626. html.
[②] 中国政府网.能源局表示：我国目前总体能源利用效率为33%左右[EB/OL].（2009-02-26）[2023-01-09]. http://www. gov. cn/jrzg/2009-02/26/content_1244274. htm.

美国总统奥巴马将发展新能源作为化"危"为"机"、振兴美国经济的重要手段，从法律政策层面以及技术资金层面对新能源的开发和节能减排给予了大力支持。瑞典经过多年努力，已将低碳能源发展成为国民经济的支柱产业。全球各大企业也十分重视低碳能源的发展。减少碳排放已经是大势所趋，国家已经在产业布局中优先考虑低碳能源。能源革命会给社会发展带来新的动力。当下进行的低碳能源革命将会和以往的次能源革命一样，给社会生产生活的方式带来巨大变化，并且会成为全球经济增长的新引擎，新能源的开发也为社会提供更多的新产业、新市场和新岗位，解决一部分就业问题。低碳能源成为解决全球气候问题的战略性产业，正在逐渐形成积极的产业布局，并且已经成为构建"太阳经济"的重要支柱。在世界经济发展史上，19世纪的"煤炭经济"由英国的蒸汽机和纺织机主导；20世纪的"石油经济"以美国的发动机和石油化学为主要依靠；21世纪将是大力发展清洁能源的时代，"太阳经济"必将成为主导时代的发展方向。开发新能源、发展低碳能源是构建"太阳经济"的重要支柱。

2. 中国成为全球能源需求的巨大市场

中国因为具备各种优势条件，所以必将成为全球低碳能源产业发展的最大市场，这也是发展的最重要的条件。全球经济在逐渐向好，油价以及其他能源价格势必会进一步上涨。中国这个巨大的世界市场，有着举足轻重的地位，美国等国家要想进一步扩大对中国的进口，就必须在技术贸易等方面放松限制。全球环境危机和气候危机是一个会影响世界各国发展的严峻问题，为应对环境气候治理问题，各国都在积极进行低碳能源领域的发展和贸易活动。因此，当中国在国际上提出"碳密度"的发展目标时，引起了全世界范围内的广泛关注。中国是世界上最大的清洁发展机制项目供应方，同时也是目前世界上最有潜力的碳减排市场，中国的经济发展在这些方面有着巨大的潜力。

3. 积极的国家能源战略、大力支持低碳能源发展的政策

中国正在不断推进能源国家战略，这将给低碳能源行业的发展带来新的机遇。针对高新技术产业的低碳能源行业，国家出台并实施了一系列帮扶政策。2009年以来，国家在"太阳能屋顶计划""金太阳计划"等发展项目上给予了不少支持，我国的光伏产业因此得到了不错的发展。近些年来，风电上网、光伏发电上网和新能源汽车的发展有不少的政策补贴，我国的低碳能源发展环境良好。

4. 低碳能源产业前景看好，国内外金融资本、民间资本投资升温

随着联合国哥本哈根气候变化大会关于二氧化碳减排等问题谈判的落幕，围绕减排的"碳金融"将会迅猛发展。资助减排项目的落实以及相关基础设施的建设都需要巨额资金投入，这将成为新产业诞生的机遇，新的金融产品和金融市场也将因为管理和转移碳排放的成本和风险应运而生。我国的金融服务业也将在这个大背景下得到激活和创新发展。中国要抓住这个机遇，充分利用"碳金融"服务行业的广阔前景，与国际市场积极合作，开发低碳能源产业发展新模式。在过去的几年间，我国多家银行都有在研发推出自己的绿色信贷产品，主要面向节能减排、清洁能源利用和可再生能源开发等新能源行业，并且与国际金融公司签订了相关合作协议。国有银行中的多家都在信贷审批中实行了环保政策的"一票否决制"，并制订了"双高"、产能过剩及潜在产能过剩行业的信贷退出计划。

5. 在全球大力发展低碳经济新趋势下的新能源合作

在国际交流与合作中，低碳能源领域的合作无疑已经占据了重要地位。例如，联合国气候变化大会、联合国气候变化峰会等国际会议都是低碳能源领域国际合作的重要平台，并达成了《联合国气候变化框架公约》《京都议定书》等一系列具有深远影响的国际条约。我国高度重视低碳能源领域的国际合作，2008年成立的国家环保部、国家能源局，2009年3月成立的中国国际经济交流中心的一项工作就是积极开展国际合作。在短短一年之中，仅国家能源局参与的多边合作达14个、双边合作达34个[①]。积极借鉴外国专家学者的优秀经验能在短时间内使我国的低碳能源开发和处理技术实现更快更好的发展。在政策合作领域，吸收外国合理的激励低碳能源产业开发的政策和奖惩制度。

6. 低碳能源产业科技含量高，有利于发挥中国人力资源优势

在低碳能源行业的技术开发和产业基础方面，中国具有较强的竞争力。我国多所顶级院校的科研实验室和科研院所相继在低碳能源行业获得不错的技术突破和进展。在风能、太阳能、生物质能等领域，全国高校中都有较好的研究基础，我们可以充分利用现有的技术支持和人才支撑，与国外加强合作交流，突破性发展低碳能源产业。

---

① 邹德文，陈要军，姜涛. 建立国际合作基地：武汉城市圈新能源产业发展新思路[J]. 湖北行政学院学报，2010（02）：55-58.

（三）中国低碳能源发展的战略重点

1. 优先发展太阳能

太阳能具有能量大、利用范围广、清洁安全等优点。近年我国太阳能产业发展迅猛。国家对太阳能产业的发展也制定了一系列的有效措施。一是因地制宜，加快我国太阳能光伏发电系统的安装。中国政府根据不同区域的特点，加快规划和推进太阳能光伏发电系统安装。在太阳能丰富的城市，大力推进"屋顶工程"，利用建筑物屋顶和墙壁，建设分散式的并网光伏发电系统。在太阳能资源丰富的边远地区，建设小型离网式太阳能光伏系统，解决当地居民的用电问题。二是制定太阳能上网电价等政策实施细则，实施法制管理。虽然太阳能光伏发电技术取得了很大的进步，但作为一种新能源，太阳能光伏发电的度电成本与火电相比还存在较大差距。2006年1月1日，我国开始施行的《中华人民共和国可再生能源法》为太阳能光伏发电等可再生能源的入网提供了法律依据，这大大促进了太阳能产业的发展。三是加速研发、应用人才培养和可再生能源领域的国际合作。国家政策给太阳能开发构建了一个良好的外部发展环境。价格方面，大量资金投入引进高科技的人才和设备，国内大力支持太阳能产业的发展，包括技术创新和人才的培养。电价补贴，税收补贴和所得税补贴都在一定的程度上支持了太阳能产业，如太阳能光伏产业的发展。

太阳能重点是太阳能光伏发电产业，国家应从以下几个方面进行突破：一是国家加强对该产业的整体规划和布局，立足全球视角，从国家能源发展战略的高度，制定一套完整成熟的产业发展计划路线。二是大力发展太阳能热利用产业集群，扩大太阳能发展规模。三是培育完整的产业链体系，积极进行技术创新，提升自身的市场竞争力，缩短与发达国家的技术差距。四是构筑国际合作、人才的合作平台，积极地参与国际竞争，推进产业基地及产业联盟融入世界，提升产业的国际竞争力。

2. 大力发展风能

风能技术发展较成熟在再生能源中所占份额较大，更为人们所青睐。大力发展可再生能源，尤其是大规模风力发电是我国能源系统的重要发展趋势之一。

在国家政策的大力支持下，我国各地兴起风电建设热潮。合理开发风力发电，可以有效缓解全省水电丰枯矛盾，实现风电、水电互补。而且风电是环保型能源，没有废气排放，且建设周期短，见效快。因此，大力发展风力发电大有可为。

目前，国家能源局发展规划司正在牵头组织制定有关新能源产业振兴的规划，加快推进新能源产业的发展。国务院已同意国家发改委《关于加快培育战略性新兴产业有关意见的报告》，对加快培育包括航天产业在内的战略性新兴产业作出总体部署。国家大力支持风能产业的发展，短时间内出台了一系列鼓励风电行业的政策。其中包括强化新能源设备的核心技术研发，建立国家风电研究中心和国家级风电工程技术研发中心，完善标准和检测认证等技术管理体系，建设风电设备检测验证研究中心。除了在宏观发展规划中为风电发展设定了颇为激进的发展目标外，降低风电价格、支持风电设备的国产化、保障风电并网是其最主要内容。同时，国家为鼓励风能产业的发展，在价格、税收和政府补贴方面都做了很大力度的支持。在价格方面，政府在原先审批电价的基础上，积极促进风能发电项目的上网电价按照招标的形式形成价格的方式转变。以特许权招标价格政策为标志，从2003到现在，风电电价出现招标电价和审批电价并存的局面，即国家组织的大型风电场采用招标的方式确定电价，而在省区级项目审批范围内的项目，仍采用审批电价的方式。这样的制度设置在一定的程度上推进了风能产业的发展。投资方面，国家相比往年的投资力度在加大，在《关于进一步支持可再生能源发展有关问题的报告》中，可再生能源发展项目由银行优先安排基本建设贷款，而利息会有一定的优惠，一律实行"先付后贴"的办法。贷款的还款日期也可由银行同意适当地宽限。风电多元投资也得到了国家的积极支持。风力发电具有规模较小，适合分散投资等特点，应出台相关政策，允许其投资多元化。

此外，大力吸收先进风力发电技术——尤其是磁悬浮风力发电技术和引进专业技术人才的同时，也大力培养国内的专业人才。在新能源领域将风能的发展置于一个相当重要的地位。在新能源产业的各子行业中，风电将是未来的发展重点。

3. 积极发展核能

核能反应的最终产物中不含有二氧化碳、二氧化硫以及烟尘等物质，与传统燃烧物相比，是一种安全、清洁、可靠的经济能源。对于缺少化石能源的地区来说，核电的发展具有重要意义。核电技术在世界范围内已经相对成熟，并且得到了广泛应用，在世界能源结构中占有重要地位。据有关资料统计，核电年发电量已占到世界发电总量的 17% 左右[1]。

长期以来,我国对于核电的发展态度都是"有限"的状态,但是 2003 年以来,全国能源出现大面积的紧缺,国内关于核电的呼声重新高涨起来。在这种情况下,政府作出的回应是放宽发展政策。这一决策是值得肯定的,核电的发展缓解了我国长期的资源紧缺局面,并且在提高国家在和平时期的战略威慑能力有积极意义。

从核电发展总趋势来看,核电发展的技术路线和战略路线早已明确并正在执行,当前发展压水堆,中期发展快中子反应堆,远期发展聚变堆。达到这一目标,我们要做的还是要从技术上着眼,加大政府的投资,出台积极有效的政策来刺激核能产业的发展。此外,加强国际的合作也是推动核电发展的重要手段之一。法国作为核电的发展大国,在核电领域有着丰富的经验和优秀的人才,我国应大力引进这些人才到我国的核电产业领域,培养一大批自己的研究开发人才,为推动核电产业的发展提供一个良好的人才储备。

4. 稳步发展水能

在水能资源的开发利用方面,随着我国科技和经济实力的进步还有发展的空间。以西藏雅鲁藏布江流域为例,在对这一地区的水能资源进行勘测时,理论上是有 1.6 亿千瓦的蕴藏量,是全国水能资源蕴藏量的 23%,但是在进行复查工作时发现,在经济可开发范围内的仅有 0.26 亿千瓦[2],地形和地理位置对输出工程的影响巨大。如果可以在输电工程上实现技术突破,我国水能资源的经济可开发量必定有所增加。截至 2008 年底,我国技术可开发的水能资源利用率为 26%,而美国技术可开发的水能资源利用率为 67.4%,法国为 96.9%,加拿大为 38.6%,日本为 66.6%[3]。能源资源总体结构决定着一个国家的水能利用水平,在我国目前石油资源较为贫乏的状态下,必定要加大力度开发和利用水能资源。

近年来,我国在水能发电方面出台了相关的支持政策。国家经济贸易委员会每年提供的供可再生资源产业发展的专项基金中,有相当一部分为水能占比。水利部有约 3 亿元的贴息贷款用于小水电的发展[4],政府还在农村大力推广小水电等

---

[1] 国家统计局. 湖北:加快新能源产业发展实现"弯道超越"目标[EB/OL]. (2009-07-07)[2023-01-06]. http://www.stats.gov.cn/ztjc/ztfx/dfxx/200907/t20090706_34855.html.
[2] 观研报告网. 我国水能资源开发的机遇和挑战[EB/OL]. (2014-04-16)[2023-01-09]. https://free.chinabaogao.com/nengyuan/201404/04161P05H014.html.
[3] 陆佑楣. 充分利用、有序开发水能资源的机遇和挑战[J]. 水力发电学报, 2009, 28(03):1-4.
[4] 太平洋能源中心. 补贴政策[EB/OL]. [2023-01-09]. http://spec.w96a.chinanetidc.com/main/nyxx_9.htm.

示范工程的建立，扶持边远乡镇水能产业的开发，解决当地的用电问题。

重视水能的开发，主要从以下几个方面着手：一是水能开发的投资，积极大力建立稳妥的政策来促进水电开发；二是重视水能开发和生态环境的关系。在开发和利用水能资源的过程中，要始终遵循自然规律，保护好人类生存发展的环境，保护生物多样性，保护水质和大气不受破坏，做到真正的保护和开发并行。三是重视地质结构对水电工程的影响。要想在复杂地质构造的地区进行水坝工程的开发建造，就要把图纸的设计做到严谨完善，施工要保证质量优质。四是技术创新和科技人才的引进。目前国内在这方面的技术和人才储备都不甚完备，理论与实践联系也不够紧密。在后续的发展过程中需要在科研水平和人才培养方面作出努力。

5. 加快发展生物质能

生物质能具有多项优秀条件，是唯一一种可以转化为液体燃料的可再生能源，而且还具备特殊的材料功能，对生态环境也是友好的。中国在进行生物燃料发展的过程中始终坚持不与民争粮，不与粮争地的发展原则。我国在使用非粮原料生产燃料乙醇的技术上已经具备了商业化发展的条件，目前国内已有公司在使用秸秆和甜高粱等作物生产燃料乙醇方面作出尝试。

想要加快我国生物质能开发利用的脚步，要从以下四个方面作出努力：一是要制定有关生物质能源的帮扶政策，为想要成立能源林改造项目的公司和农户提供支持；二是要积极争取国家在能源林基地建设方面的财政补贴；三是为生物质能源产业发展筹措资金，建立融资平台，拓宽资金渠道；四是要大力进行生物质能源研究，不惜资金和人才方面的投入。

（四）中国推动低碳能源产业发展的新举措

中国低碳能源发展的措施可从技术创新、产业创新、商业模式创新、国际合作，以及人才和资本等方面寻求突破，并坚持高起点、坚持发挥自身优势、坚持自主创新。

1. 突出技术创新特色，通过技术引领低碳能源产业发展

目前，低碳能源领域的投资趋势持续高涨并有一哄而上的问题，因此，只要解决了核心技术方面的问题就可以获得巨大的成本优势。中国在低碳能源领域虽然还未成为行业内的领军者，但是依靠国内丰富的创新资源，积极通过自主创新

实现技术跨越，就可以在竞争浪潮中争得上游。

（1）太阳能光伏的技术跨越

中国太阳能光伏产业要努力争取在核心技术上有所突破。多晶硅是太阳能光伏产业的核心，其技术路线有多种。目前，世界上多数国家（包括我国）采用的是改良西门子法，这一技术能耗高、生产成本高，正逐步被能耗低、成本低的流化床法和冶金法替代。中国的光伏产业发展应该以长远的目光，争取生产技术上的突破，以技术突破实现大规模发展，以技术突破创造竞争优势。

（2）风电装备的技术跨越

国内目前的风电装备产业情况还多是通过技术引进和技术许可的方式发展的，国内的团队还不具备生产发展的核心技术。因此，在引进技术的同时还要积极吸收创新，尽早实现核心技术的独立自主。

2. 突出优势领域，通过重点项目和企业引领低碳能源产业发展

在多功能燃料电池电源、汽车节能减排等项目建设方面，中国的一些企业已经走在了世界的前列。中国应充分发挥这方面的优势，重点扶持低碳能源汽车的研发，努力打造世界知名的减排节能和多燃料动力的汽车生产企业。在这方面，国家的"十二五"规划中也作了一些重要的指示，如加大新能源动力汽车的研发，加强节能、新能源汽车示范推广的工作，完善汽车的技术标准和检测技术等。

对于低碳能源企业的发展，国家一直以来都给予了大力的政策扶持和资金支持。在当前的国际市场中，有关低碳能源和环保一类的行业竞争逐年增大，中国要想在竞争浪潮中争先就需要积极借鉴国外成功经验，借用政府的力量，支持大企业的发展，支持信息产业的发展，培养能够真正为低碳能源发展作出贡献的龙头企业。在风电领域可以给大中型国有电力企业一定的指导和帮扶，帮助他们完成设备的升级和改造，建立完善的风电运营模式。有关太阳能光伏领域的发展，可以吸引国外行业领军者在中国设立研发和运营中心，为我国的光伏产业发展创造条件。在生物质能领域，凯迪电力和三峡低碳能源等领头企业的发展可以作为重点扶持项目。这些企业在与生产有关的基地建设、材料供应以及电力上网等方面的问题可以在政府的帮助和支持下得到解决。LED领域的发展重难点在于技术的改革和创新，政府采购可以培养LED市场。企业想要在冶金节能领域有较大的发展，就需要政府帮助解决产业园区建设中出现的土地供应、产业资金等重要问

题。在水泥和建材节能领域，政府需要为企业提供技术服务，帮助企业解决开发节能的技术问题。关于石化节能领域，要支持中石化在全国的发展，大力支持中石化建设低碳能源与节能研发中心。在低碳能源汽车领域，首先要解决汽车零部件生产企业的问题，重点支持汽车生产企业。可以先在公共交通领域进行示范性推广或者在政府采购汽车环节向低碳能源汽车倾斜。在核能领域，政府要支持国家级的核能发电企业，尽可能快、多地建立起可满足全国供电需求的大型核电站。

除了要对重点项目企业加以帮扶外，央企和地方国资的加入也是值得重视的，可以积极引导他们参与国家低碳能源产业的建设。国家要充分发挥地方国资的作用，引导他们在战略调整发展过程中将低碳能源的发展作为重点，投资建立低碳能源相关的发展公司。同时，各省市能源集团要将发展中心侧重到低碳能源行业的建设上来，控制好火电发展的速度，争取尽快转型为低碳能源领域的领军者。

政府在对低碳能源相关企业进行帮扶时，要重点注意以下关键点：首先，要为国内低碳能源企业发展营造良好的生存环境，尽最大努力解决国内外传统能源行业对他们的恶意打压竞争；其次，要建立健全低碳能源产业发展的相关市场体系，培育低碳能源市场；最后，政府要为低碳能源产业的发展提供相关的政策性帮扶。

3. 突出运营模式和商务模式创新，通过服务创新拓展低碳能源发展空间

中国要利用低碳能源产业技术服务的先入和运营模式的优势，为产业发展拓展空间，积极占领国外市场。中国在核电技术运行服务方面有领先优势，中核武汉核电运行技术股份有限公司是目前国际上技术和服务都处于领先地位的专业化公司，在核电仿真技术等重要技术方面具有较大的竞争力。在低碳能源电站运营方面，中国的一些企业已有 10 多种生物质能发电厂并网发电，此外还要加强风电厂、太阳能光伏电厂运营商的培育，力争在低碳能源电站运营方面有新的突破，更要着眼未来的太阳能产业发展，瞄准光电建筑一体化市场，加大自主研发力度，提升竞争力，扩大发展空间。

4. 建设国家低碳源技术与产业国际合作基地，打造低碳能源发展的示范区

随着低碳能源行业发展的逐渐深入，国际市场上多个领域的龙头企业都在以低碳能源行业为中心进行业务转型。中国政府在这种有利的市场环境下，要通过出台相关优惠政策，吸引合适的国外企业加入我国的国家低碳能源技术与产业国

际合作基地的建设。面对发展势头正猛的新产业,我们可以大胆借鉴目前已经成功进行合作的产业园区项目,如中国和新加坡合作建立的苏州新加坡园区和天津环保生态城。还可以在进行国家低碳型社会建设的过程中加强高科技企业之间的沟通和交流,进一步扩大各个企业在低碳能源领域的合作规模,建设更多的国际低碳能源发展示范基地。

5. 加大融智、融资力度、充分利用全球资源发展低碳能源

通过重大人才战略措施的实施,加快人才引进步伐。要为高级技术人才和技术领军人物提供良好的工作生活环境,从各种层面上留住人才;对创业领军团队与人物的资金需求和技术要求等要尽量满足;支持和鼓励通过国际合作模式引进人才的教研团队和机构,使国内人才和技术力量快速强大起来。

加快碳金融市场的建立和完善,为低碳能源产业发展提供充足的资本和多样化的融资渠道。碳金融是随着低碳经济发展而产生的一个新型的金融市场,其主要业务就是服务于限制温室气体排放项目,包括直接投资、融资、碳指标交易和银行贷款等。近几年,碳金融业务发展势头迅猛,市场前景广阔,为我国和世界的低碳经济发展提供了一个良好的融资渠道和资金保证。同样,发展低碳能源产业也离不开碳金融业的发展,可以说碳金融业发展的好坏直接关乎低碳能源产业的发展程度、发展速度,甚至是发展结果。大力发展碳金融业,对于我国拓宽低碳能源产业的融资渠道,加大低碳能源产业的资金投入、减少资金给产业发展带来的波动,积极参与世界的碳排放权交易和用资金支持我国低碳能源产业的发展,以及吸引个人进行低碳能源产业的投资,都有着极其重要的意义。

我国政府近年来在低碳能源技术的投入一直很大,目前同时在多个项目中投资总额高达几百亿元,这些专项资金的投入将会对低碳能源产业的发展起到推动性作用。

第三节 中国园区层面的循环经济发展

一、内蒙古蒙西高新技术工业园区

2001年内蒙古自治区人民政府将位于鄂尔多斯市鄂托克旗蒙西境内的蒙西高

新技术工业园区批准为省级高新技术工业园区；2005年，被国家发展和改革委员会等六部委列为全国第一批（全国13家之一）循环经济试点产业园区；2010年，命名为内蒙古自治区高新技术产业化基地，是自治区"十二五"期间规划建设的沿黄沿线19个重点工业园区之一。

（一）蒙西高新技术工业园区发展概况

1998年，蒙西高新技术工业园区正式建园，自此以来，该工业园区始终以资源作为依托，以科技为支撑点，以高新技术嫁接、改造传统产业的发展思路和"五高"（高起点、高科技、高产业链、高附加值、高度节能环保）起步、"三新"（机制创新、体制创新、技术创新）立园、循环发展的原则，确定建园方针，进行产业定位。严格执行国家相关政策和环保要求，坚持高科技、高效益、低消耗、少污染、人才优的发展道路，积极实践循环发展理念，通过招商引资、资质重组、项目孵化等手段引进了一大批发展前景良好、科技实力雄厚的环保型工业项目，一系列大项目，好项目落地并持续发展壮大。

产业发展包括高新材料、建材、冶金、化工、电力、物流六大领域，打造了一支以蒙西、神华、北方联合电力、双欣资源、亿阳物流、星光煤炭等知名企业为龙头的联合舰队。

园区未来的发展思路是"以现代农业建设新农村、以生态牧业建设新牧区、以高端产业建设新园区、以城乡统筹建设新蒙西"，通过实现工业高端化，进行PVA（即"塑料装饰材料"）/PVC（即"聚氯乙烯材料"）延伸新型化工、硅铝深加工等发展创新，配套使用现代化物流服务业，建立起一个可以集中新技术应用研发的、具有西部特色的"小三角"科技环保中小企业集群，致力打造国家级终端工业品生产基地。

（二）蒙西高新技术工业园区循环经济发展模式分析

在蒙西高新技术园区的大力发展下，已经形成了一种以"资源—产品—再生资源"为主要特征的循环经济快车道，实现了"区域大循环、园区中循环、企业小循环"，使得区域经济发展潜力巨大，给区域经济发展提供了良好的发展环境。在已经入驻蒙西高新技术工业园区的34家企业内，已经形成了一种具有鲜明产业特色和良性发展模式的现代循环经济聚集区，初步构筑起煤矸石综合利用、二氧化碳综合利用、煤化工、氯碱化工、冶金制造、综合物流等六大循环经济产业链条；其中，蒙西高新技术工业园区充分利用企业间的联系，打造二氧化碳、煤矸石等工业废渣、焦炉煤气和沙漠风积沙的综合利用产业链，为了体现循环经济的理念将园区企业紧密相连，同时实现了废弃物的综合利用。蒙西高新技术工业园区整体循环经济框架，如图5-3-1所示。

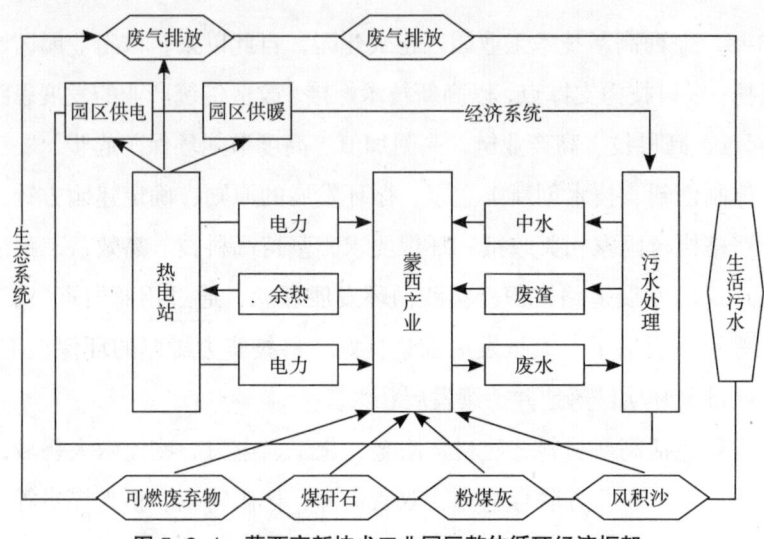

图5-3-1 蒙西高新技术工业园区整体循环经济框架

1.二氧化碳综合利用产业链

在水泥生产过程中，煤的燃烧会和碳酸盐在高温环境下分解产生大量二氧化碳，研究显示，生产1吨水泥熟料将会排放0.9吨左右的二氧化碳[①]。二氧化碳给自然环境和生态系统带来的危害日益严峻，世界各国都在探索二氧化碳减排和二氧化碳利用的有效途径。蒙西工业园区在这方面取得了不小的成就。通过技术创新，将水泥生产中的废气净化提纯达到食品级别，然后将这些二氧化碳用于纳米级轻质碳酸钙的制作和可降解塑料的生产。在粉煤灰提取氧化铝的过程中，将二氧化碳增浓后用于提取高纯超细的氧化铝铁粉。通过这些技术产生的纳米级轻质碳酸钙等产物还可以成为制作PVC（"聚氯乙烯材料"）异型材料和绿色环保材料的添加剂，很大程度上降低了成本。除此之外，将焦炉尾气中的二氧化碳脱硫处理后用于甲醇生产过程中的补碳环节，增加了二氧化碳的利用率，实现了清洁生产（图5-3-2）。

---

① 刘艳,王海波,郭玉萍.一种含有90%工业废渣的低碳水泥的性能[J].城市建设理论研究,2014(14):1-4.

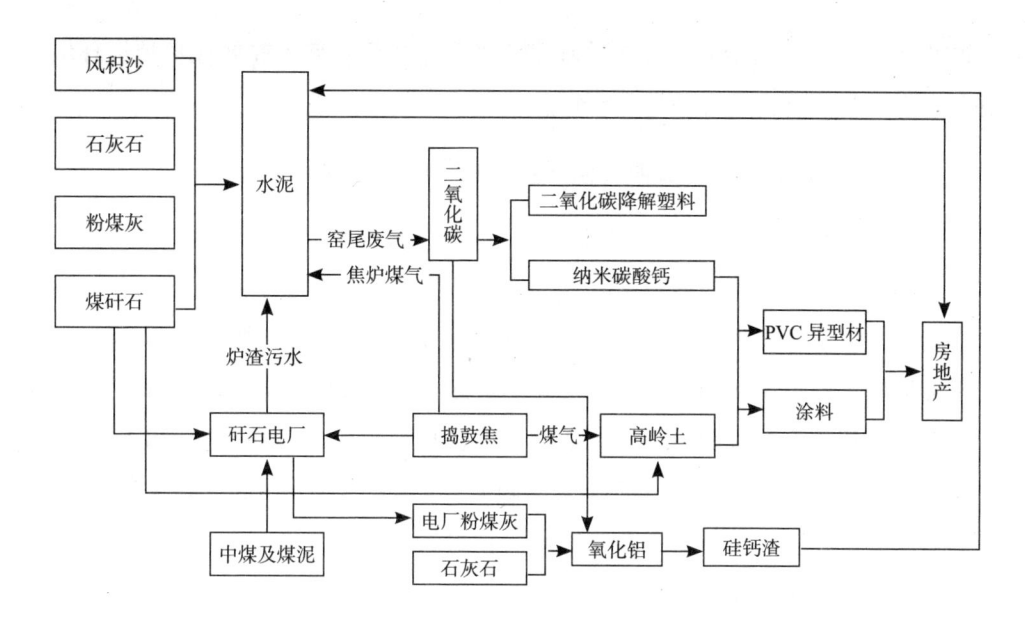

图 5-3-2　蒙西高新技术工业园区二氧化碳综合利用产业链

2. 焦炉煤气综合利用产业链

捣固焦项目中的焦炉煤气可以用作生产高岭粉土环节的燃料，焦炉煤气还可以送到蒙西自备发电厂生产低价的生产用电，深加工炼焦过程中产生的粗苯和二氧化硫等副产品，以此来延长产业链，通过提高资源利用率来降低生产成本，并且还可以起到保护环境的作用。

3. 煤矸石等工业废渣的综合利用产业链

蒙西工业园区对于煤矸石等工业废渣的利用主要有以下三个方面：一是利用先进的技术和设备将煤矸石用于生产高性能复合硅酸盐水泥；二是利用园区周围采空区的煤矸石制作超细高白煅烧高岭土；三是将煤矸石和洗煤厂排出的中煤、煤泥等用于发电，然后再将发电产生的粉煤灰和石灰石煅烧后采用碱熔法提取氧化铝，这个过程中产生的硅钙渣废料还可以用于水泥的生产。这些生产过程形成了一个完整的零排放、零污染、零成本的循环产业链。

4. 沙漠风积沙综合利用产业链

沙尘暴的主要内容物为风积沙，含有 76% 左右的 SiO_2（二氧化硅）以及 8% 左右的 Al_2O_3（氧化铝），如果可以和生产过程中的粉煤灰或者未自燃的煤矸石搭配使用，可以为制作水泥熟料过程提供足量的 SiO_2 和 Al_2O_3。这条产业链可以有效减少生产水泥熟料给农田或者牧场带来的黏土资源浪费,有效保护植被环境,并且适合处于沙漠地区的水泥生产企业。

(三)蒙西高新技术工业园区循环经济发展模式的启示

1. "夕阳产业"——"朝阳产业"

依靠科技创新,综合利用煤矸石、矿渣、粉煤灰、磷石膏、脱硫石膏等工业废弃物,形成了变废为宝、上下游产品相互利用的循环往复的循环经济格局,利用工业废渣、焦炉煤气和低品位燃料等,节省优质燃料和原料,开发利用劣质资源,以应对优质天然资源总体上匮乏的趋势,减少 SO_2(二氧化硫)和 NO_x(碳氧化物)等有害气体的排放,将水泥、煤电等"夕阳产业"做成了颇具竞争力的"朝阳产业",体现了大产业带动、上下游互动的循环发展理念。

2. 工业废弃物变宝

在众多产业园区中,蒙西高新技术工业园区已经成为实现循环经济的典范。他们的产业链把煤矸石、粉煤灰、硅钙渣等工业生产固体废弃物变废为宝,为电力的产出、氧化铝的供应和水泥的生产作出贡献,实现零固体废弃物排放。综合利用工业废弃物可以减少固体和气体污染物,还可以弥补国家在一些原料方面的短缺,是一个值得广泛推广的生产模式。

3. 低碳经济的落实

如何实现二氧化碳的减排是一直摆在世人面前的难题。蒙西高新技术工业园区二氧化碳的综合利用,可以实现二氧化碳的附加值利用,在国内其他水泥生产企业有广泛的推广价值。考虑到每吨水泥可排放近 1 吨的二氧化碳,这方面的推广和示范价值是巨大的。此外,二氧化碳的固定技术还可以推广到炼油、炼钢、火力发电、化工等二氧化碳重点排放企业,不仅可以使相关企业形成独特的产业链,还可以一定程度上控制和缓解二氧化碳的排放,对缓解二氧化碳所造成的温室效应起到应有的作用。利用二氧化碳聚合物可降解(可焚烧)、透明、高气体阻隔性的特点,二氧化碳聚合物在一次性食品及医用包装材料方面有十分明显的竞争优势,如大规模使用二氧化碳聚合物代替聚氯乙烯不仅解决了一次性聚氯乙烯医用材料的环保问题,同时由于产品成本较低且具有自主的知识产权,可以抢占医用新材料及其制品的制高点,大规模出口欧美、日本市场,对我国高新技术产业具有战略性意义。

二、榆横工业区

陕西省榆林市地处我国煤炭资源富集区——鄂尔多斯盆地，属于典型的煤炭资源性城市，在2007年底被国务院列入第二批循环经济试点市。榆横工业区位于榆林市中部，是榆林能源化工基地的重要组成部分，也是区域中心城市建设的重要承载区。2011年1月，榆林经济开发区（榆横工业区的核心区域之一）被陕西省批准为省级高新技术产业园区，并设立榆林高新技术产业园区管理委员会，负责高新区以及整个榆横工业区的基础设施建设、规划实施和管理工作。

（一）榆横工业区发展概况

榆横工业区于1999年2月成立，总规划面积914平方千米，核心区228平方千米（高新区、西南新区和煤化工区南区）。经过10余年的开发建设，工业区已建成以现代工业为主的多功能、外向型的综合型园区，经济总量、产业发展、基础设施建设等方面均取得了显著的成绩，已经成为带动区域经济发展的重要支撑。全区初步形成了以能源化工、建材加工、轻纺服装、食品加工、太阳能光伏、装备制造、现代物流等为主体，多业并举的产业发展体系。

"十二五"工业区定位于陕甘宁蒙晋接壤区"能源金三角"，是开放、开发战略新高地，是科学发展、开放创新、经济发达、文明和谐的现代化产城融合新园区，将继续发挥"加快城市化步伐、引领产业集聚发展，促进园区转型升级、打造高端高质高效产业基地"的战略性作用，成为资源型城市——榆林市构建循环经济示范市的重要支撑。

（二）榆横工业区循环经济发展模式分析

1. 打造园区生态产业链

榆横工业区以煤炭、岩盐、硅砂、农产品、太阳能、风能为基础，已初步形成了以能源化工产业为核心，以新材料、纺织服装、装备制造、新能源、生物制品5大产业板块为耦合的8大循环产业链，即煤化工产业链、盐化工产业链、煤电产业链、新材料产业链、纺织服装产业链、装备制造产业链、可再生能源电力产业链、生物制品产业链。在纵向闭合的循环经济产业链基础上，逐步形成横向耦合产业链结构和区域稳定高效运行的生态网，并与周边地区有效对接，构建一体化生态共生网络。

工业区最能体现循环经济特色的产业链如下：

（1）煤炭开采—煤炭洗选—环境修复产业链

工业区首先通过中间产品和废弃物的相互交换而互相衔接形成产业链网，最大限度地实现了矿井水、洗选水、洗选矸石、煤泥、矿井瓦斯的资源化，大大减少了污染物的排放。其次利用掘进矸石进行采空区填充，及时开展生态修复工作，恢复生态平衡，促进生态良性循环。

（2）煤—电/精细化工—新型材料产业链

将中煤、煤矸石和煤层气作为火力发电的原料，采用精煤进行深度转化，并充分利用煤炭洗选过程产生的低热值煤矸石、火力发电的粉煤灰、燃烧炉渣及脱硫石膏生产水泥、粉煤灰加气混凝土砌块、节能砖及其他新型墙体材料，延伸煤化工产业链，利用烯烃、醋酸等生产合成树脂等高分子材料，实现"物尽其用"。

（3）石英砂—玻璃/光导纤维/多晶硅—下游产品产业链

以石英砂为起点，发展玻璃制造和光导纤维及其下游产品、多晶硅、单晶硅及下游产业链。

2. 引进先进技术，推进节能减排

工业区内青岛啤酒榆林有限公司通过采用洗瓶机喷冲水回收利用、反渗透浓水回收利用和冷凝水回收利用等节水措施，使单位啤酒耗水量下降；通过氨系统放空和蒸发冷除垢新技术改造，电单耗也有所降低；通过清洁生产审核，单位能耗实现了大幅降低，取得了良好的经济、环境效益。

3. 加快发展新能源产业，推进园区转型发展

工业区积极开发太阳能和风能，围绕太阳能的光热光电技术，发展太阳能电力产业链和太阳能热水器、太阳能热泵、太阳能光热发电系列产品及配件产品等，同时加大风力资源的实地勘测力度，构建"风机制造—风力发电"产业链，新能源产业正在成为工业区转型发展的亮点。

4. 静脉产业推进一体化的资源再生利用体系

煤化工南区固废主要是煤矸石和煤泥、炉渣、粉煤灰、各种废催化剂，以及废玻璃、报废机电等。高新区和西南新区固废主要是生活垃圾，包括废旧家电及

电子产品、废纸等。工业区将粉煤灰主要作为水泥生产辅料，市场销路较好，新产生的矿渣基本实现综合利用，通过静脉产业的发展促进城市功能区和煤化工区的资源再生利用。

（三）榆横工业区循环经济发展模式的启示

1. 多管齐下，共谋清洁发展大计

低碳经济已上升到国家战略层面，煤炭资源的清洁化利用势在必行。榆横工业区打造煤电化一体化、煤—甲醇—烯烃、煤矸石—建材产业链，实施"矿山生态环境修复、生产过程减排、废弃物资源化利用"途径，有效推动煤炭资源的清洁化利用，并积极进行煤基液化项目的尝试，可为"资源富集＋生态敏感"地区可持续发展提供良好借鉴。

2. 新能源助力资源型园区转型

榆林被批准为国家级能源重化工基地以来，能源经济增加值连续占榆林国民经济生产总值的60%以上[①]，能源产业结构亟待改变。榆横工业区单晶硅、太阳能光热、光电应用已初具雏形，将进一步构建新能源开发利用产业链，提高可再生能源利用比例，有效改变煤炭资源依赖性的产业结构，可为资源依赖型地区转型的发展提供借鉴。

3. 静脉产业探索产城融合循环发展模式

榆横工业区在功能布局上，既有以煤化工为主体的产业区，又有城市综合区，如何发展产城融合的循环经济发展模式还是一个新课题。经过几年的探索，榆横工业区启动静脉产业，顺利地"开题"，并不断推进。通过在高新区和西南新区建设由固体废物储存场所、交易场所、信息网络平台促成的再生资源回收网络体系，在煤化工及配套产业区，建设再生回收企业、公用工程及信息网络平台建设，初步形成了产城融合循环经济发展模式，可在相似地区进行推广。

---

① 贾茗芮. 浅谈榆林市经济发展与产业结构 [EB/OL]. （2012-03-17）[2023-01-13]. https：//wenku.baidu. com/view/cf79dbfb910ef12d2bf9e704. html?_wkts_=1677810703703&bdQuery=%E8%83%BD%E6%BA%90%E7%BB%8F%E6%B5%8E%E5%A2%9E%E5%8A%A0%E5%80%BC%E8%BF%9E%E7%BB%AD%E5%8D%A0%E6%A6%86%E6%9E%97%E5%9B%BD%E6%B0%91%E7%BB%8F%E6%B5%8E%E7%94%9F%E4%BA%A7%E6%80%BB%E5%80%BC%E7%9A%8460%25%E4%BB%A5%E4%B8%8A%2C%E6%A6%86%E6%A8%AA%E5%B7%A5%E4%B8%9A%E5%8C%BA%E8%83%BD%E6%BA%90%E7%BB%8F%E6%B5%8E%E7%9A%84%E4%BA%A7%E5%80%BC%E5%8D%A0.

三、陕西省杨凌农业高新技术产业示范区

1977年，经国务院批准，陕西省关中平原中部杨凌农业高新技术产业示范区正式成立，这是我国第一个国家级农业高新示范区。示范区的管理体制采用了省部共建和厅局共建的模式，国家科技部等22个部门和陕西省人民政府共同参与建设，为此，陕西省政府成立了由34个局厅共同组成的省内领导小组。为促进示范区的发展，国家和政府给予了示范区管委会地市级行政管理权、省级经济管理权及部分省级行政管理权等特殊权利，同时，还享受国家关于高新技术产业开发区的各项优惠政策和倾斜政策。

（一）杨凌农业高新技术产业示范区发展概况

自成立以来的几十年间，杨凌示范区已经成长为陕西乃至全国最具经济发展潜力的技术产业园之一，成为西部大开发工程的一大亮点，是国家重点支持的五大高新区之一和全国6个海峡两岸农业合作试验区之一。

示范区发展迅速，逐渐形成了以生物制药、环保农资、食品加工以及农牧良种等为主导的高新技术产业。杨凌已经成为西北地区最主要的环保农资生产基地之一，目前两家主要的大型农资连锁企业——亨通连锁、秦丰连锁已经形成了覆盖全省主要县区的销售网络。数量高达2000多个。食品加工方面，李华葡萄酒、当代蜂产品等企业已成为区域性的知名品牌。杨凌在转基因、胚胎遗传、克隆技术等方面的技术优势，给中科航天、中富生物等企业带来了生物良种繁育方面的技术支持，并且对外推广辐射能力逐年提高[1]。示范区多年的发展给经济发展带来了积极的推动力。

"十二五"期间，示范区将全面贯彻落实科学发展观，深入推进"农业立区、工业富区"战略，以建设"科技杨凌、人才杨凌、园林杨凌、富裕杨凌"为目标，提升现代农业发展水平和工业经济整体实力，加快城镇化进程，切实改善民生。

---

[1] 百度文库. 杨凌农业高新技术产业示范区循环经济[EB/OL]. [2023-01-06]. https://wenku.baidu.com/view/666611f2a4e9856a561252d380eb6294dc88227f.html?_wkts_=1677811467750&bdQuery=%E7%9B%AE%E5%89%8D%E5%BB%BA%E6%88%90%E5%92%8C%E5%9C%A8%E5%BB%BA%E5%8C%BB%E8%8D%AF%E4%BC%81%E4%B8%9A14%E5%AE%B6%2C10%E5%AE%B6%E9%80%9A%E8%BF%87GMP%E8%AE%A4%E8%AF%81%2C%E6%8B%A5%E6%9C%89%E8%8D%AF%E5%93%81%E6%89%B9%E5%8F%B7173%E4%B8%AA%3B.

（二）杨凌农业高新技术产业示范区循环经济发展模式分析

杨凌示范区发展循环经济的考虑方向主要从生产、消费和循环三个层面入手。在生产领域要抓紧构筑一、二、三产业联动发展的循环经济体系，形成一条农牧良种养殖、废水和废渣综合利用、生物医药、食品加工、环保农资五大循环经济产业链。在消费方面不断进行可持续消费观念的宣传教育工作，发展以水、医药、食品废渣综合利用为主要内容的静脉产业，减少区域内资源消耗和废弃物产生量。同时要积极制定和落实有关基础建设的政策保障条例，为实现循环经济发展提供支持。

1. 循环农业发展模式

示范区循环农业建设依靠动植物良种繁育和农业节水技术等，大力促进种植业和养殖业的发展壮大；种植业和养殖业要重视绿色农副产品的产出，让可再次利用的资源进入到加工业或其他利用渠道；种植业和养殖业的生产废弃物可以形成农资产品进入农业生产领域，也就是沼气的形式进入生产或生活领域（图5-3-3）。

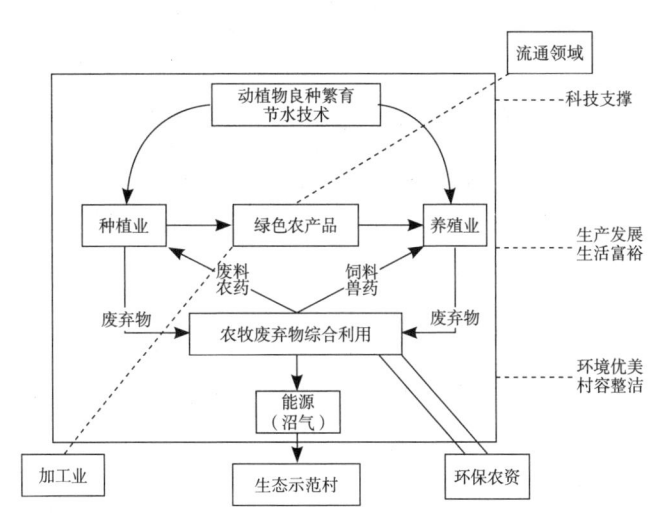

图 5-3-3　杨凌农业高新技术产业示范区循环农业发展模式

2. 循环工业发展模式

示范区的循环工业发展可以将生物制药、环保农资、绿色食品加工三大产业建设作为核心，促进企业的清洁生产建设，延伸农业产业链和完善行业内部产业链和产品链。农业可以为工业提供原料和资源,如食品加工和生物制药等产业的废弃物可以经过科技加工等形式形成可供农业生产利用的农资产品,或者是将产生的废料废水综合处理后进入循环利用环节,形成一个行之有效的工农循环体系(图5-3-4)。

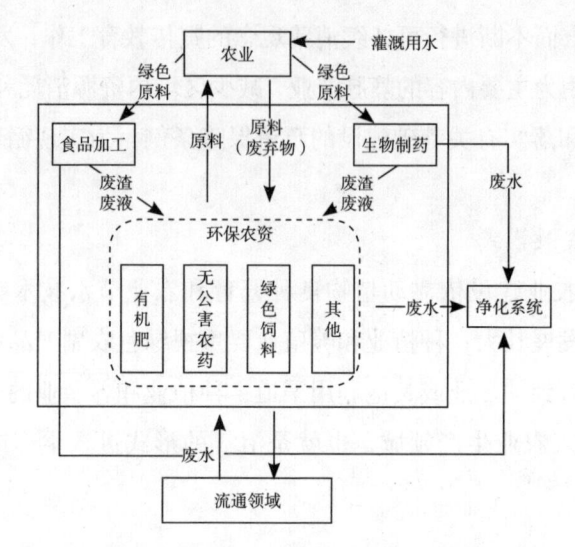

图5-3-4 杨凌农业高新技术产业示范区循环工业发展模式

(三)杨凌农业高新技术产业示范区循环经济发展模式的启示

1. 发展循环经济要加大科研和产业的结合

西北农林科技大学为示范区的循环经济试点工作提供了很多帮助,他们积极成立发展研究中心和科研团队,以实际问题为着力点,通过专家研讨等方式提供技术和智力支持。行业内各相关企业也积极进行技术改造,为延长技术产业链作出自己的贡献。由此看来,科研与产业的结合可以给循环经济的发展带来强大的动力。

2. 发展循环经济要选准切入点

示范区在进行循环经济的过程中,按照农业循环经济的特点,以沼气化建设、农业节水等方面作为切入点,推动示范区内整体产业循环经济的发展,并取得了不错的成效,获得了人民群众和众多企业的称赞。

3. 发展农业循环经济要结合农村、农业的实际,符合农民群众的利益

杨凌高新技术产业示范区从当地实际情况着手,充分考虑广大农民利益,将当地种植业和养殖业作为示范区产业发展的基础，大力发展食品加工、生物医药、环保农资等循环经济产业，实现了从原料到产品加工、废弃物综合利用的完整循环经济产业链，提高了经济效益，也改善了生态环境，在促进示范区工业经济大力发展的同时又进一步带动了示范区农业发展，提高了农民收益，示范区循环经济发展得到农民的大力支持。

4. 发展循环经济尤其是农业循环经济离不开政府的推动和引导

在循环经济的发展过程中，有关农业领域的产业在发展时要比工业类产业更困难，因此要给这类弱势产业提供更多的帮助和指导。示范区开展了一系列有针对性的产业扶持和引进措施，以此来完善发展过程中的不足之处，尽最大努力实现产业链的接续和产业的耦合。如可以通过对农产品加工业的帮扶，增强龙头企业在畜牧业和种植业等方面的拉动力。要多引进生物制药和生物工程一类的优势产业，为实现产业凝聚助力；要完善集中供热、污水处理等城市基础设备建设，提高资源和能源的综合利用水平，增强各方面对产业的支撑配套能力。示范区管委会根据相关政策，出台了绿色招商措施，通过相关扶持政策推动企业积极参与循环发展经济建设，鼓励涉农工业的产业提升，促进建立循环工业体系。

四、灵武市再生资源综合利用循环经济试验区

为规范废旧物品行业，促进废旧汽车和有色金属等的回收再利用，灵武市委和市政府规划建设了灵武市再生资源综合利用循环经济试验区。试验区以国家建设资源节约型和环境友好型社会建设的重要举措为依据，是符合国家长远发展战略方针的优秀示范。

（一）灵武市再生资源综合利用循环经济试验区发展概况

试验区位于 307 国道 15 桩号以南，下白公路东侧，有着完善的水、电、路基础设施，交通条件便利，有着良好的投资环境。试验区规划占地总面积 5000 亩（1 亩 =667 平方米），其中一期规划建设 2500 亩，力争在"十二五"时期，建设成为"一区四园""五大主业"协调发展的综合性再生资源示范区。"一区"指的是以电子废弃物、废旧金属和塑料等为主要交易物的区域，"四园"包括废旧

塑料加工园、报废汽车拆解及二手车交易园、金属再生园、金属型材加工园，"五大主业"指的是再生塑料业、再生铝、再生铅及铅深加工业、再生铜和报废汽车拆解及二手车交易业。

试验区自2008年开工建设以来，一直着力引进废旧物资购销企业和建设相关企业工厂，主要从事废旧汽车和废旧家电的拆解及有色金属和稀有金属的回收再加工，加工过程以环保、无公害为主要特点。试验区投资建立的工厂已有3家投入营业，同时整合10家小型冶金企业组建了合鑫、恒业、瑞银3家企业集团公司。引进了天洲橡胶制品有限公司年产2000吨再生胶项目、新世纪金属制品有限公司年产1万只金属镁还原罐项目和银川瑞明太阳能公司1000千瓦太阳能热气流发电厂等项目。灵武地区目前的产业基础是以铜、铝、铅、塑料以及废旧汽车拆卸为主要内容的具有西部特色的循环产业，为西部地区循环经济试验区的建设提供了可行的方案①。

（二）灵武市再生资源综合利用循环经济试验区循环经济发展模式分析

再生回收体系的建设，可以将城市中大量的废旧物进行回收处理，将回收物分类后可以放入废弃物交易区、报废汽车交易、拆解区等专业废旧物回收厂。对于一些具备正常使用功能的废旧物进行分拣、维修或二次加工后进入二手市场或二次销售渠道。将分解出来的废旧电缆、有色金属和废旧橡胶塑料等产品进行再生产，使它们进入再生资源产业链。在加工过程中要使用绿色环保的生产方式，不产生污染性废料、废气，做到绿色循环。

1. 再生铅领域

废旧的蓄电池经过粉碎处理后可以将其中不同的组成部件分拣开来，实现铅、锑、锡、铜等有价金属的回收利用，可以高效率、低成本地生产铅铝合金。电池中的含硫酸液可以用于生产硫酸钠等高附加值的副产品，塑料外壳等部分可以回收用于生产其他高需求量的产品。这样就可以实现整个蓄电池各部分的回收利用，实现循环利用的目的。

---

① 百度百科. 再生资源循环经济试验区 [EB/OL]. （2022-05-23）[2023-01-12]. https：//baike. baidu. com/item/%E5%86%8D%E7%94%9F%E8%B5%84%E6%BA%90%E5%BE%AA%E7%8E%AF%E7%BB%8F%E6%B5%8E%E8%AF%95%E9%AA%8C%E5%8C%BA/7030495?fr=aladdin.

2.再生铝领域

目前，国内已经有了不少关于再生铝纯净化恢复性能技术、永磁搅拌技术、回转炉等先进技术，通过这些技术的处理，铝灰的利用率可以大大提高。提炼铝剩下的废渣还可以用来生产耐火材料和陶瓷制品，是很好的清洁生产方式。就再生铜而言，在废铜利用方面，要以先进的技术和高利用率取胜。由于废铜资源竞争激烈，品质高的杂铜价格也相当高，加上重熔和电解的成本，废铜精炼的利润空间很小。直接利用废铜生产铜合金、铜材或铜制品，具有工艺简化、设备简单、回收率高、能耗少、成本低、污染轻等优点。

3.报废汽车回收利用领域

报废汽车回收利用主要包括报废汽车检测、报废汽车拆解、再生汽车和再生原材料设计、再生原材料的工艺设计。在进行报废汽车回收拆解之前要进行检测，检测过程分两步——整车检测和零部件检测。通过整车检测可以确定车辆能否经过维修或者零部件更换后成为可二次使用的再生汽车。下一步就可以进行拆解工作，一般拆解工艺流程为：检查外部情况—放净油料—先拆易燃、易爆零部件—总体拆解（拆下各总成—组合件—零部件）—再清洗—检验分类—可用件—修复件—报废件—再利用或重熔再生。对废旧汽车进行拆解可以将可利用的部分发挥到极致，真正做到物尽其用。第三步就是将通过检测的废旧汽车送入再生汽车生产线。第四步是再生原材料的工艺设计：再生塑料和废塑料；再生轮胎和废轮胎。

4.电子废弃物的综合利用领域

电子产品中的各部分元件一般都是由铜、银、黄金、铝等贵重金属制成的，因此电子废弃物是蕴含着丰富资源的集合体，有着极大的经济价值。废旧电子产品的中央处理器、散热器、硬盘驱动器等元件可以进入金属回收的环节；外壳、键盘、鼠标等部分可以进行塑料回收；生活中常用的冰箱、空调和各类取暖器等经过处理后可以回收铁、铝、塑料等需求量大的可再生原料。目前使用范围较广的电子废旧物处理方式是机械处理法，其具有污染小、可进行资源综合回收的优点。除此之外，湿法冶金、火法冶金以及新兴的生物方法等也是使用频率较高的处理方式。

（三）灵武市再生资源综合利用循环经济试验区循环经济发展模式的成果

目前，灵武地区的主要基础产业是进行铝、铅、铜以及塑料等资源的循环利用工程和废旧汽车拆解再利用等。这些产业的成功运行，为我国西部地区建设具有特色的循环经济试验区提供了优秀示范模板。

1. 精品示范，辐射带动，构建灵武发展模式

灵武市关于循环经济发展设立的再生资源综合利用循环经济试验区，成功地把传统的"资源—产品—污染排放"单向线经济发展模式转向"资源—产品—再生资源"反馈式循环经济模式。管理、加工、污水固废处理统一集中于试验区内，能够高效实现资源再生和环境保护的目的，同时还能在市场方面调节余缺，将物流、商流、信息流等资源整合利用，为再生资源行业持续、健康发展提供支持和保障。试验区建设了以再生铜、再生钢铁、再生铅和再生塑料等产业为主的再生资源综合处理和研发中心，面向全区，乃至辐射到整个西北地区，以求促进再生资源产业的发展，试验区的发展模式已经成为影响全市以及周边地区的示范工程。

2. 内引外联，多方共赢，延长并完善再生资源行业产业链

积极引进规范制度，以国家工商、税务、公安等监督管理部门促进有关废旧物资经营企业合法、合规的运营。还要充分利用外部环境的人力、科技、原材料等资源，将灵武市的再生资源回收利用产业潜力充分挖掘出来，建立一个完善可行的再生资源回收利用体系。在企业运营方面，以企业的经营业绩、信用等级等为依据，把企业分为不同的类别，将发票按照不同的面额进行分类，将废旧物资行业的发展设置成阶梯状。尽量为产业设置更优的布局和产业链，使企业尽可能使用精品加工原料，降低资源开采频率，最大限度地节约资源和能源。

第四节　中国社会层面的循环经济发展

一、甘肃省国家级循环经济示范区

甘肃位于我国西北内陆地区，地处青藏高原、内蒙古高原、黄土高原的交汇处，属于中国大陆地理中心，具有极其重要的战略地位。2009年，国务院正式批复《甘肃省循环经济总体规划》（以下简称《规划》），标志着甘肃省正式成为全国性的国家级循环经济示范区。通过《规划》实施，能够破解困扰甘肃省当前发

展中存在的各种难题，更好地发挥甘肃省资源优势、缓解资源环境压力、实现甘肃省的可持续发展。

（一）甘肃省国家级循环经济示范区发展概况

资源是甘肃的一大优势，但是在长久的发展过程中，丰富的资源并没有给甘肃的发展带来明显的经济优势，反而让当地的发展形成了一种高能耗、高排放的资源依赖型发展模式。甘肃的地理位置处于长江、黄河的重要水源补给区，担负着西北乃至全国的生态安全重任，是一道重要的生态屏障。如果不加快转变经济发展方式，粗放式的发展带来的资源和环境问题将日渐突出，环境恶化和资源短缺已经成为制约甘肃经济发展的主要因素。正确处理经济建设与环境的关系，大力发展循环经济，实施可持续发展战略，以最少的资源消耗和最小的环境代价实现经济的可持续增长，从根本上解决经济发展与环境保护之间的矛盾，以减轻环境压力，是甘肃当前经济社会发展的必然选择。从 2004 年开始，甘肃省的循环经济发展就已经开始了。2005 年以来，甘肃省围绕环境保护、生态建设、循环经济三大重点和结构调整、节约水资源、绿化、污染防治四个关键环节，先后出台制定了适应循环经济发展的《甘肃省资源综合利用条例》等相关法律法规和制度。2006 年率先编制了《循环经济发展规划》，并在全省多个层面开展了循环经济试点。2007 年，甘肃省被列为全国循环经济试点省。2009 年 12 月，国务院批复了《甘肃省循环经济总体规划》（下称《规划》），是国务院首批地区性循环经济发展规划。

近年来，甘肃的粉煤灰、煤矸石、冶炼废渣、化工废渣、采矿废石等工业固体废弃物实现了再利用，新型干法水泥生产线、纯低温余热发电、高炉炉顶压差发电、钢渣水淬再利用、高炉转炉煤气回收等一批资源再利用技术也得到广泛应用，并示范推广了"畜—沼—粮""畜—沼—果""畜—沼—菜""畜—沼—药"等综合生态农业循环生产模式，使得甘肃省资源循环利用产业产值逐年上升。据统计，2004—2008 年甘肃省争取国家资源节约和环境保护中央预算内投资补贴项目和节能技术改造财政奖励项目共计 118 项，项目总投资达 93.4 亿元。2009 年，甘肃省上报资源节约和环境保护类中央预算内投资备选项目 170 项，实施节能减排重点改造项目 95 个。2010 年初，甘肃省推出五大配套优惠政策，全力推进国家级循环经济示范区建设。甘肃省工信委循环经济发展处提供的数据显示，《规划》实施以来，甘肃省已经实施和正在实施的节能技术改造财政奖励项目和中央预算内资源节约环境保护项目每年将产生经济效益22.5亿元，节能194万吨标准煤，节水5567万吨，综合利用各种固体废渣790万吨[①]。

根据《规划》，甘肃省将着力打造16个产业链条，重点培育100户骨干企业，积极改造、提升36个省级以上开发区，逐步形成包括石化、有色金属、新能源新材料、装备制造等在内的7大循环经济专业基地。届时，甘肃将基本建立起循环型农业、工业和服务业产业体系；循环经济产业链有机组合并形成规模；风能、太阳能和水能等可再生能源开发取得重大突破，建立全国最大的新能源基地；再生资源回收体系得到完善；生态环境得到明显改善，资源产出率等指标实现预期目标。通过国家级循环经济示范区建设，不仅可以加快甘肃"两型"社会建设，而且可为其他资源型省份科学发展提供经验。

（二）甘肃省循环经济发展模式分析

1. 循环型农业体系

根据气候、水分和土壤条件，将甘肃省农业区域分为河西干旱区、陇东陇中黄土高原区、甘南高寒区和陇南山地区四个农业生产分区，各地区结合当地的农业生产条件和主导产业优势，构建适合本地区情况的农业循环经济模式。现以河西荒漠绿洲循环经济模式为例进行分析。

河西地区为甘肃省主要灌溉农业地区，重点发展节水型灌溉农业，依靠编制《河西节水型社会建设规划》和《关于加快河西地区节水型社会建设工作的实施意见》及相关规划、政策，并配合试点经验成果的推广，加速推进河西节水型社会的建设步伐。由于河西干旱地区东西跨度较大，区内形成了"祁连山—阿尔金山"山地、中部走廊绿洲灌溉区、北部丘陵荒漠区三个自然生态类型，地貌类型、气候条件及农业生产条件差异较大，故需在不同分区采取不同的农业发展方式。其中，在"祁连山—阿尔金山"地区采取水源涵养生态林牧业模式，根据当地的气候、水文和土壤条件等选择适宜种植的生态树种和宜牧草种，保护山地生态系统的良好生态功能，实行限时轮牧，发展山地牧业，实行"草—牧—沼"的农业

---

① 中华工控网. 看甘肃怎样发展循环经济[EB/OL]. [2023-01-06]. http://www.gkong.com/zt/olympics/news_detail.asp?news_id=58064&lm=90.

循环经济链条，通过沼气池建设，减少废弃物排放，优化农户能源结构，美化周围环境，维护生态功能区的生态平衡。中部走廊绿洲灌溉区则采取"粮—菜—瓜果—牧—沼气"的循环模式，充分发挥中部走廊绿洲灌溉农业优势，以沼气池为纽带，联动粮食和蔬菜种植、瓜果栽培及畜牧业养殖，全面普及节水设备，大力发展节水农业，综合利用自然资源，延长生物链和农业产业链，实现生态的良性循环和经济的多元化发展，如图5-4-1所示。

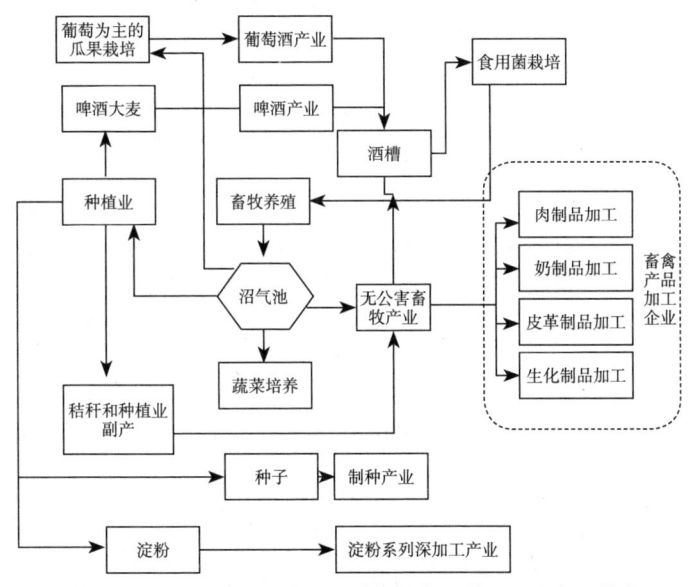

图5-4-1 河西中部走廊绿洲灌溉区农业循环经济发展模式

2. 循环型工业体系

以信息化带动工业化，以"三废利用"（废水、废气、废渣）、提高"四率一综"（矿石回采率、选矿回收率、冶炼回收率、加工材成品率和综合利用水平）、零排放、节能降耗、节水、提高产品档次和技术水平、延长产业链等为重点，大力推进用高新适用技术改造传统产业，努力打造钢铁、有色金属、石油化工、煤电化工、清洁能源、建材产业、农副产品加工和装备制造等循环经济产业链。现以钢铁、有色金属行业为例对循环型工业体系发展模式加以分析，如图5-4-2所示。

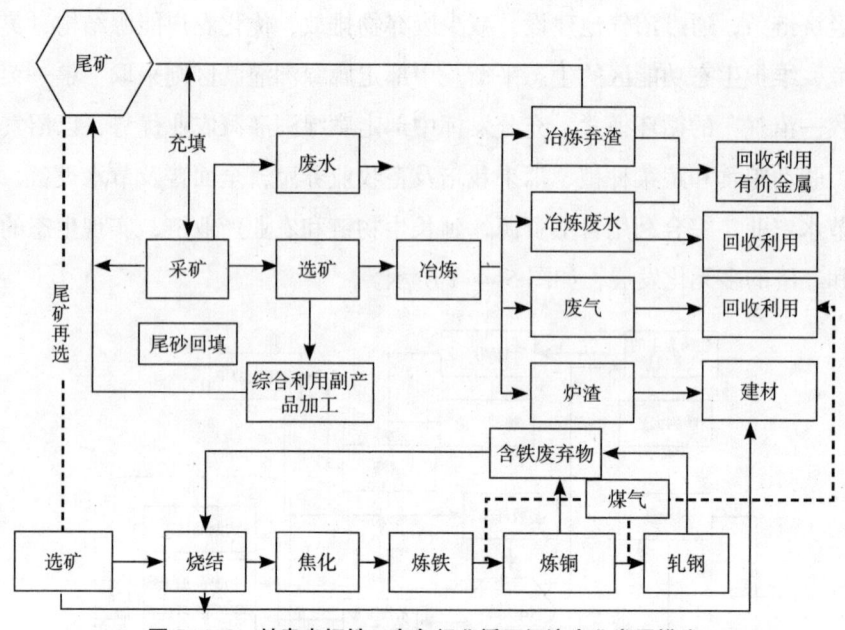

图 5-4-2　甘肃省钢铁、有色行业循环经济产业发展模式

钢铁行业通过联合、收购和股份制等多种方式,整合全省黑色金属矿产资源。加强与国内外原料企业、下游用户的合作,加大新产品的研究开发,重点向碳钢镀锌板、彩涂板、建筑钢结构、不锈钢薄板、中板及深加工等方向延伸。实现采、选、冶、精深加工一体化,全面提升黑色金属冶炼及压延加工业整体竞争力。有色行业依托兰州、白银、金昌国家新材料基地平台,加快产品结构调整,发展深加工产品,形成镍、铜、钴、铅、锌、铝等的冶炼、压延加工、粉体材料、精细化工及稀土应用材料、功能材料等产品系列,实现产业转型。循环产业链方面,钢铁行业以酒钢集团公司为重点,大力推广"三干"(干熄焦、高炉、转炉煤气干式除尘)、"三利用"(水的重复利用、副产煤气综合利用、高炉转炉废渣处理及利用)、"三治理"(氮氧化物治理、烟气二氧化硫治理、焦化酚氢废水治理)等节能和综合利用技术。通过行业上下游企业间的有效衔接,发展利用废渣生产建材产品、利用废气废水生产化工产品等,力争实现"负能"冶炼、废水"零排放"和废渣全利用。有色行业以金川集团公司、白银集团公司等骨干企业为重点,着重提高"四率一综"(矿石回采率、选矿回收率、冶炼回收率、加工材成品率和综合利用水平),加大余热、余压利用程度和冶炼烟气中的二氧化硫回收利用程度,降低消耗,减少排放。加大资源整合力度,提高共(伴)生矿的综合

利用率。进一步提高有色金属深加工能力和技术水平，不断延长产业链，提高附加值。

3. 循环型社会体系

（1）开展循环型社会实践

开展循环型社会实践工作，需要重点做好建立建筑节能准入制度、推进建筑节地节能、建设绿色交通系统、发展现代物流体系、完善循环经济信息平台、发展循环型生态旅游业六个方面的工作。

（2）完善再生资源循环利用体系

逐步建立以城市社区和乡镇为基础的再生资源回收网络。将再生资源回收与社区建设结合起来，以社区为单位，建立再生资源回收站点（网点），实行分类回收。同时，完善再生资源储运系统，建立若干集中的再生资源分拣整理场所，开办各类废旧物资交易市场，吸纳和组织包括个体经营户在内的从业人员进入交易市场开展合法经营，形成废旧物资回收、分类再使用、再生利用良性联动发展的产业链。

（3）推进可持续消费

可持续消费的推进可以从两方面着手：一是倡导节约和循环型消费理念，通过引导，使公众自觉进行节能、节水、节粮、节材、垃圾分类回收，培养和转变消费观念，逐渐减少对过度包装的消费需求，促进企业产品包装的减量化和再利用；二是建立循环型城市和社区，根据全省各市（州）发展循环经济的基础条件，选择白银、金昌、嘉峪关、武威4个市，兰州市西固区、平凉市崆峒区、武威市凉州区3个区作为全省发展循环经济的示范市、区，5~10个街道作为循环型社区建设试点，展开绿色社区创建活动。

（三）甘肃省循环经济发展模式的启示

1. 缺水型区域循环经济发展应构建以提高水生产力为核心的水循环经济圈

在缺水型地区以提高水循环利用效率为目标，建立水资源循环圈是发展循环经济要考虑的问题。通过甘肃省循环经济发展和实践，构建水资源循环经济圈，需把握以下四点：一是调整产业结构和提高水的利用率相结合，加快建立节水型产业、节水型社会的步伐，大幅度降低万元产值水耗；二是污水处理和资源化利用相结合，大幅度降低万元产值污水排放量；三是保护优先，维护和恢复大气水、地表水、地下水良性循环系统，遏制地下水位下降趋势；四是科学安排水在生活、生产、农业、工业、服务业之间的流动顺序和多次利用；五是通过市场机制配置水资源，促进节约用水和循环用水。

2. 生态功能区应建立以提高土地生产力为重点的区域生态平衡圈

从甘肃省生态功能区的定位出发，统筹协调工业与农业、生产与消费、城市与农村的发展。在生态较为脆弱的区域应树立保护和建立良好的生态环境观念；在资源较为丰富的区域则要理智地确保经济增长，进而换取较强的环境治理能力。做到在高效、充分地利用自然生产潜力的同时，防止环境污染和衰退。按照土地生态功能进行综合整治，进一步提高土地可持续生产能力，达到生态环境良好、自然资源充分合理的利用与保护、经济与生态两个系统协调和良性循环发展的状态。

3. 风能、太阳能等再生能源资源丰富区域应建立以开发利用再生能源为突破口的清洁能源循环圈

风能、太阳能是可再生、可反复使用的清洁能源，也是比较丰富的自然资源，完全符合循环经济的要求，是发展循环经济的重要组成部分。在风能、太阳能等资源极为优越的地区，特别适合建设大量的风电和光伏热电场，实现风光互补。在甘肃省以风能、太阳能为主的新能源产业是很具潜力的经济增长点，不但能够成为甘肃的支柱产业，也将带动相关产业的发展，带动经济结构和能源结构的深刻变革。也可以同有色、冶金等高耗能产业实现对接，形成"新能源—高载能产业—下游产品"的区域资源开发利用模式，形成可持续发展的清洁能源循环圈。

二、青岛市循环经济发展

青岛市地处山东半岛东南部，属于海滨丘陵城市，2006 年被国家列为循环经济试点城市，青岛市被授予"全国卫生城市""全国环境模范城市"等称号。青岛作为资源短缺型滨海旅游城市，青岛市委，市政府提出了"环湾保护、拥湾发展"的发展战略，将"保护"置于"发展"的前面，将循环经济发展理念落实到经济社会发展的各个层面，全国循环经济发展示范城市建设全面推进。

（一）青岛市循环经济发展概况

青岛是典型的能源输入型城市，也是我国北方缺水较为严重的城市之一。资

源状况决定了青岛必须大力发展循环经济，努力破解制约其经济社会发展的资源环境瓶颈。自2005年以来，青岛市立足胶州湾、坚持生态优先、科学规划、集约建设、精细管理，科学调整城市空间布局、产业布局和功能区划，形成了"依托主城、拥湾发展、组团布局、轴向辐射"的环湾型城市发展格局，从资源再循环利用、清洁生产、新能源开发等领域推进循环经济发展模式的构建，着力打造循环经济产业体系，建设循环经济产业园区，统筹城乡循环经济发展，实现整个社会层面的大循环。

1. 推进清洁生产，培育循环型示范企业

青岛以推行清洁生产作为企业发展循环经济的切入点，着力培育循环型示范企业，已完成了130余家企业的清洁生产审核和评审。与此同时，在多家企业开展了循环经济试点工作，青岛市新天地生态循环科技有限公司、青岛天盾橡胶有限公司、青岛凤凰印染公司已被列入国家循环经济重点行业试点企业。目前，青岛市在废旧家电回收处理、海水淡化、轮胎再制造、可再生能源建筑应用等领域形成了一定的基础，为构建覆盖全社会的资源循环利用体系提供了企业基础。同时，青岛还创造性地开展了企业环境报告制度，清洁生产企业要开展相应的环境信息披露工作。截至2010年，青岛共有48家企业开展了环境信息披露工作。

2. "点、线、面"循环经济发展体系铺就循环型城市发展蓝图

青岛围绕破解制约经济社会发展的资源环境瓶颈，加快构建循环经济产业体系，并以循环经济理念促进产业生态化调整，发展循环型工业、农业和服务业，一个循环型城市发展蓝图正在青岛铺就。通过对循环经济领域关键技术的深入研发，粉煤灰、钢渣、铬渣、白泥等产业废弃物作为原料在生产环节被循环利用。其中，铬渣（青岛红星化工厂生产过程中产生的一种工业废渣）在青岛钢铁控股集团"大显身手"，成为白云石的代替品，用于炼铁烧结，破除了铬渣污染治理上的思维局限，探索出了一种具有典型示范意义的跨行业跨区域实现危险废物资源化和无害化处置的循环经济发展模式。铬渣的再生利用，已成为全国推广学习的典型。类似这种废弃物资源化处理和不同产业间的循环经济正在全市渐成风潮。

以废弃物资源化再利用为主的循环经济产业链如同一条条金链，将不同行业、不同产业的企业串联起来，织就了一张实现经济效益、社会效益、环境效益多赢的循环经济链网。期间，青岛相继被列为国家第一、二批循环经济试点单位，承

担了废旧家电回收利用等领域的试点工作。目前，试点单位包括城区、园区、企业和村镇等不同类型，逐步形成了"点、线、面"相结合的覆盖全市的多层次、宽领域的循环经济发展体系，为全市循环经济纵深化发展提供了强大的内生动力。

3. 大力推进静脉产业园建设，实现区域经济的大循环

青岛市建成了全国第一个废物再生利用循环经济产业链，成功跻身国家可再生能源建筑应用示范城市，循环经济走在了全国前沿。青岛积极推动"静脉产业"发展，将生产和消费过程中产生的废弃物转化为可重新利用的资源，实现各类废弃物的再利用和资源化的新兴产业建设，推动区域经济的大循环，青岛已被列为国家废旧家电及电子产品回收处理试点城市。目前，废弃资源综合利用步伐也明显加快，在工业领域，青岛市先后认定了多个资源综合利用产品，培育了多个利用工业废渣、余热、尾气等进行生产的综合利用企业。其中，国家第一批循环经济试点项目承建单位青岛新天地静脉产业园，是全国唯一的一个从最初的废旧家电及电子产品综合利用单一项目，构建起了废旧家电、废旧汽车、废旧机电拆解综合利用等"三足鼎立"的循环经济产业体系。2011年，跻身成为首批国家"城市矿产"示范基地。

4. 以低碳排放为特征的产业体系逐步建立

青岛市与循环经济"多点开花"同步进行，这预示着青岛城市低碳化进程的全面"提速"和低碳经济的快速崛起。青岛市围绕着单位生产总值能耗削减等节能降耗目标和任务，将发展低碳经济作为实现城市持续健康发展的战略性选择，深化国际合作，借鉴、吸收国际化大公司的先进经验，联手打造了一批国际级低碳经济试验区，规划建设的中美、中欧、中日低碳经济试验区目前都已取得阶段性成果。目前，以低碳排放为特征的产业体系已初步建立，低碳经济正在这座城市迸发出持久而旺盛的活力。

（二）青岛市循环经济发展模式分析

作为资源短缺的滨海旅游城市，青岛市在经济社会全面高速发展的同时也存在诸多问题，集中体现在产业结构不尽合理、资源利用率低、生态环境承载能力差等方面。青岛在不断学习、创新实践的过程中，逐步找到了适合自身的循环经济发展路径，体现出独具风格的循环经济发展实践特点。青岛市社会循环经济体系，如图5-4-3所示。

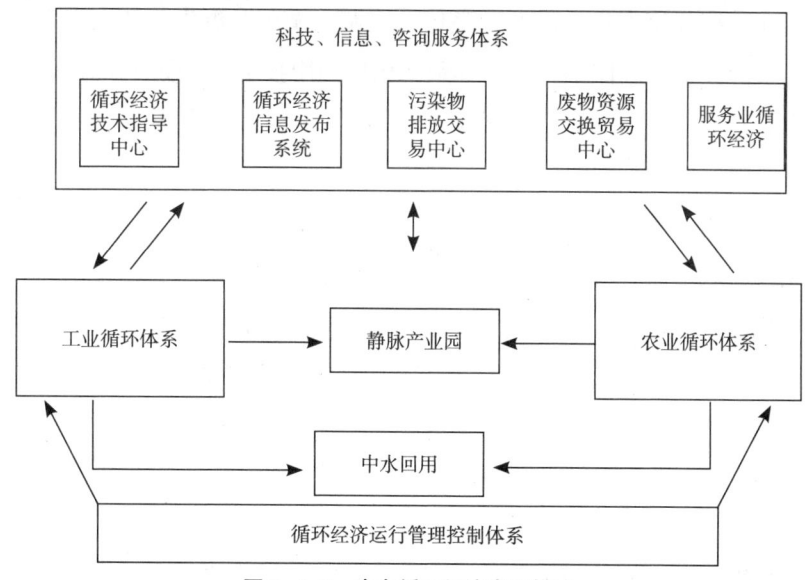

图 5-4-3　青岛循环经济发展模式

青岛市循环经济着力构建上下连接、相互循环的农业、工业和服务业循环利用体系，将工业和农业、城市和农村、生产和消费、理念和实践有机结合起来，实现产业循环式组合，构建内部小循环、区域大循环的社会循环发展模式，着力打造低碳城市和资源节约型城市。

1. 内部小循环

（1）农业循环经济发展

①全面推广生态农业发展模式

积极发展无公害、绿色、有机农产品。推广三元结构的轮作复种、间套作，通过过腹还田、直接还田、沼气发酵等途径，提高秸秆的综合利用效率，实现农业生态系统内的物质循环利用。同时发展农产品深加工，培育"种—养—加工"一体化循环型农业生产模式，扶植龙头企业发展，促进加工废弃物集中利用，建设高标准的绿色食品原料生产基地和绿色食品生产企业，发挥农产品加工连接一、二、三产业的桥梁和纽带作用，充分利用青岛市农产品加工出口行业的优势，努力提高农产品综合加工利用能力。

②因地制宜鼓励引导农户之间联合

推广"四位一体"（太阳能—种植—养殖—沼气）的生态大棚种植技术，形成"生态种植业—生态饲料加工—生态养殖业—有机肥料—生态种植业"的循环产业链。在水产养殖方面，按照"整体、协调、循环、再生"的生态学原理，建立完整的水产养殖生态体系。推广养殖水循环利用技术，建设自净式水产养殖场，减少海水养殖业发展对海洋环境的破坏。同时，推广抗污损网箱，使网箱结构规格、材料实现标准化与规范化，实现循环使用。

③推进农业循环经济示范园区建设

以无公害农产品、绿色食品和有机食品基地建设为重点，建设循环农业示范园区，集成大中型沼气、秸秆青贮氨化、秸秆气化集中供气、"四位一体"生态能源模式、生活污水净化处理、农业节水、农用地膜替代或回收等一系列循环农业技术，实现园区内部循环。

④开展农村绿色生活社区建设

重点做好农村生活垃圾、污水资源化和无害化，实现肥料就地还田、秸秆集中利用。推广生活污水分散或集中处理，人畜粪便污水作为农用肥料或进入沼气池，实现集中利用和有效还田。推进农村生活垃圾分类收集和集中处理，有机垃圾采取喂养牲畜、集中腐烂制肥、自然净化等方式实现资源化与无害化处置，农村产生的无机垃圾和有害垃圾，应纳入城镇垃圾处理的总体规划。推广沼气应用技术，开发农村清洁能源，减少污染，提高有机废物利用效率。

（2）工业循环经济发展

①全面推行清洁生产

以大炼油、石化基地为龙头，以大炼油、乙烯、芳烃等重大项目为契机，以大炼油带动大石化，大石化带动合成材料和精细化工，整合老企业，延伸、拓展产业链，建成"炼油—乙烯—芳烃、基本有机原料、合成材料、精细化工和专用化学品"主链，密切关联高新材料、医药和环保产业的现代循环型石化产业，建设国家级循环型石化产业基地。在石化基地内推广能源梯级利用、海水利用与海水淡化、水资源循环利用等技术，为石化基地可持续发展提供资源保障。

②工业废渣的综合利用

工业固体废弃物排放曾经是影响青岛市陆地和滩涂生态环境、人民健康和城市形象的一个严重问题。其中，铬渣、白泥和钢渣三类废弃物，尤其是铬渣和白泥排放量较大，多年来在环境中积累堆放，对环境产生巨大的毒性作用和视觉影响。青岛市在推进生态市建设、发展循环经济和建设资源节约型社会过程中，强调推广能源梯级利用、废弃资源综合利用等技术，尤其是铬渣资源化、无害化综合利用技术的研发及推广。利用铬渣烧结炼铁技术，将铬渣和铁矿石粉按照一定的比例进行混合，代替白云石用于烧结炼铁，经烧结过程制成能够满足高炉各项理化指标要求的烧结矿。经过1200℃的高温，可以将铬渣中的有毒六价铬还原为无毒的三价铬直至单质铬，与铁矿石一起被炼制成铁。这一成熟技术实现了青钢集团与红星化工厂间的强强联合，为青岛工业循环经济发展增添了亮丽的一笔，如图5-4-4所示。

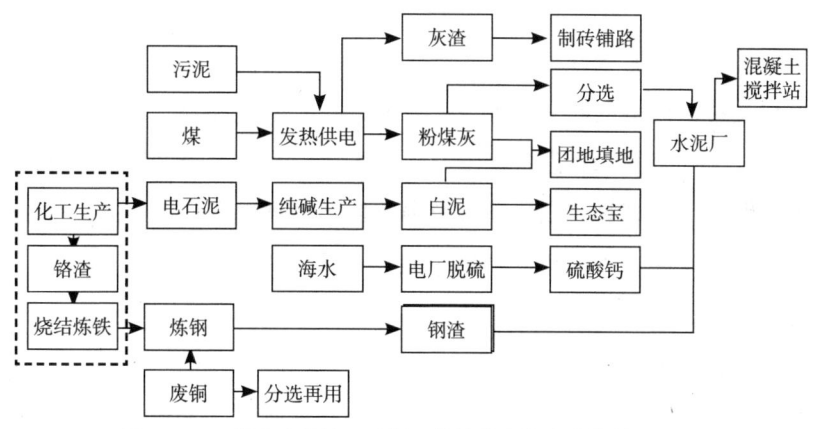

图 5-4-4 青岛市铬渣、白泥、钢渣等固体废弃物循环利用

同时，碱业生产过程中产生的白泥资源化利用也取得了较好的效果。一是将白泥生产成生态改良剂——"生态宝"，可有效改善水产养殖的水质环境，还可用作水泥原料和添加剂等。二是以白泥替代部分海水和石灰石进行锅炉烟气脱硫，也取得了成功，节约了大量的石灰粉和电能，实现了相关企业间的互利共赢，同时也破解了制约氨碱法纯碱生产发展的难题。

③以优势产业为重点，积极发展行业循环经济

家电电子行业以海尔、海信、澳柯玛为龙头，打造具有特色的循环型生态家电电子产业。整合上游产业链，积极发展环境友好型原材料研发与应用，控制铅、铬等有害材料的使用，率先在环境友好型家电产品领域取得突破。同时，食品及酿造行业推广青啤、青岛酒厂在清洁生产、循环经济方面的经验，积极开发生物提取、菌种改良的新技术和新产品，完善以固体废弃物综合利用为中心的下游产业链，加强能源、水的集约利用。

④发展壮大海洋、生物、新材料等高新技术产业

以海洋生物优良种苗培植基因工程、海洋医药及生物工程、海洋活性物质及酶工程、基因医药及基因治疗技术、基因技术平台及生物芯片为重点，积极推动海洋产业从粗放式开发向集约式、生态式开发转变，从低层次的产业结构向高级的产业结构转变。新材料重点发展专用化学品、新型金属材料、电子信息材料3个新材料领域，积极发展纳米材料、生物医学新材料、特种功能材料、环境友好材料等其他新材料。

⑤积极发展环保产业

加快烟气脱硫、海水利用、海水淡化、城市垃圾资源化利用、海洋保护、环境监测等相关技术设备的研发，推进产业化进程，改造和提升污水处理、中水回用、垃圾处理等环保技术和设备水平，促进城市污水、垃圾处理产业化和市场化进程。大力发展节能灯具、双层玻璃及中空低辐射玻璃等环保产品，加快节水型工业设备、生活器具、节水型滴灌设备和冷却设备的开发制造。

（3）服务业循环经济发展

①大力发展生态旅游业

发挥青岛企业和产品的品牌影响力，深度开发海尔、青岛啤酒、青岛港、华东葡萄酒庄园等国家级、市级工业旅游示范点，大力发展工业观光旅游。

②建立统一的旅游信息平台和网络

旅游信息平台和网络及时发布旅游信息，对全市重点景区进行统一协调管理，有效控制景区游客密度。

③积极发展绿色酒店，开展绿色旅游服务

提倡一次性用品的减量循环利用，改进能源供应结构，积极推进海洋能、太阳能的应用，推广酒店小中水系统，实现水资源有效利用。

④发展专业化的环境服务企业

支持发展环境认证和环境咨询等中介机构，为社会和企业提供环保技术咨询和技术服务，促进技术创新和环保产业发展。构筑循环经济体系中的能源综合利用、废物资源化的信息交换平台，为循环经济发展提供信息保障。重点发展ISO14000体系认证机构、清洁生产咨询服务机构，为企业开展清洁生产、环境认证和技术改造提供技术支持。实施走出去、引进来的环境服务业发展战略，切实

提高环境服务业竞争能力。

2. 区域大循环

（1）资源回收再利用——静脉产业发展。青岛市静脉产业的发展，以静脉产业园为龙头，为岛城电子、家电、石油加工、汽车、造船、纺织服装六大动脉产业供给资源，实现废旧家电及电子产品的循环利用和废旧轮胎循环利用。以静脉产业园为依托，通过废旧物资的再生利用，实现消费过程中和消费过程后物质和能量的循环。

①废旧家电及电子产品的回收利用

青岛市是全国最重要的家电和电子产品生产基地之一，废旧家电和电子产品的回收利用工作得到青岛各级政府的高度重视。青岛新天地生态循环科技有限公司，作为国家废旧家电回收及资源化综合应用示范工程项目单位，积极推进废旧家电及电子产品回收体系建设，并探索信息化管理，建立起一套集回收处理管理、政府监管等功能为一体的电子网。该产业园通过引进先进的生产设备及分解线，将回收的废旧家电及电子产品进行拆解，将拆解后得到的"线路板粉末""电容""电子器件""电视机后屏""有色金属颗粒""焚烧结晶""冰箱塑料""冰箱铁块""冰箱泡沫"等零部件及产品，按照不同材质，将碎块进行分离，并出售给有资质的加工企业进行深加工，实现循环利用。同时，为了解决废旧家电拆解过程中产生的环境污染问题，企业选择在产业园内进行封闭处理，然后进行安全填埋，以保护环境，构建"废旧家电—分解—销售—深加工"循环产业链。

②废旧轮胎综合利用

青岛废旧轮胎综合利用也走在了全国前列。青岛以天盾橡胶有限公司、赛轮股份有限公司、青岛颐安泰投资管理有限公司为龙头，加大对旧轮胎翻新再制造、废轮胎生产再生橡胶、橡胶粉和热解四大业务板块的新工艺研发力度，提高废旧轮胎资源化、无害化、产业化的利用水平。在绿叶科技的带动下，扩大橡胶粉的用途，从轮胎的原材料扩展为输送带、胶板、胶管、胶鞋等橡胶制品的原材料。同时，在综合国际、国内常温法橡胶粉生产设备先进技术的基础上，开发、研制了新型常温橡胶粉自动生产系统（从废旧轮胎的钢圈切除、破碎、粗碎、细碎、包装到纤维分离等一体化自动生产系统），为企业大规模低成本开发利用废旧轮胎提供了技术保证。

（2）科技、信息、咨询体系。

①青岛市循环经济技术指导中心

加强循环经济的信息交流和技术储备，定期发布循环经济科研课题或软课题，开展信息咨询、技术推广、宣传培训等活动。积极组织引进和消化吸收国外先进技术，组织开发和示范有普遍推广意义的资源节约和替代技术、能量梯级利用技术、延长产业链和相关产业链接技术、"零排放"技术、有毒有害原材料替代技术、回收处理技术、绿色再制造技术等。建立生态产业技术孵化基地，推动实现循环技术产业化。

②建立循环经济信息发布系统

整合现有环境信息资源，建立面向公众的循环经济信息发布系统，定期向社会公布与循环经济建设相关的产业及技术导向目录、环境信息、清洁生产技术、绿色消费理念等公共信息，面向企业提供废弃物资源信息及废弃物资源化指导信息。

③建立污染物排放交易中心

在现行排污权交易试点工作基础上，组建全市排污交易机构，建立污染物排放交易机制，激励企业积极通过技术进步开展污染防治工作，控制和消减污染物排放总量。

（三）青岛市循环经济发展模式的启示

1. "垃圾围城"——"城市矿山"

青岛市以青岛新天地生态产业园为依托，通过拆解废旧家电及电子产品、废旧汽车及轮胎，并将其零部件按塑料、金属予以分类后进行综合利用，实现对废旧家电和电子产品回收循环利用、废旧轮胎综合利用。每年青岛市将从城市垃圾中提炼出11.6吨贵金属，其中包括590千克金、10 610千克银。吃进旧家电，吐出原料。在产业园里，除了废旧家电处理区域外，还有废旧汽车拆解区、医疗垃圾处置区、危废处理区、固体废弃物综合处置区等小工业园区。将垃圾围城变成了城市矿山，将循环经济的发展理念很好地融会贯通其中。

2. "动脉"产业与"静脉"产业的配套发展

青岛市静脉产业发展走在全国前沿，静脉产业的发展将生产和消费过程中产生的废弃物转化为可重新利用的资源,并为岛城六大产业集群提供原料供给,尤其是家电及电子产品回收利用、废旧轮胎的综合利用,在全国具有较好的学习价值。青岛市形成了"动脉"产业与"静脉"产业配套发展的格局,将青岛市完整的物流体系充分地体现出来,构筑起了社会循环经济体。同时,静脉产业的发展,以静脉产业园为依托,遵循"园中园"的发展模式,该类发展模式有利于实现区域大循环经济发展,在全国具有极强的借鉴价值。

参考文献

[1] 刘学敏. 循环经济与低碳发展：中国的可持续发展之路 [M]. 北京：现代教育出版社，2011.

[2] 郑季良. 高耗能产业循环经济与低碳经济协同发展模式和效应研究 [M]. 北京：经济管理出版社，2017.

[3] 何建坤，周剑，欧训民，等. 能源革命与低碳发展 [M]. 北京：中国环境科学出版社，2018.

[4] 赵慧卿. 中国绿色低碳循环发展：综合评价及路径选择 [M]. 北京：中国经济出版社，2019.

[5] 叶堂林. 农业循环经济：模式与途径 [M]. 长春：吉林出版集团有限责任公司，2016.

[6] 徐凤君，盖志毅. 低碳经济论 [M]. 北京：科学技术文献出版社，2016.

[7] 王少枋，李贤. 循环经济理论与实务 [M]. 北京：中国经济出版社，2014.07.

[8] 左华，田建茹，朱磊，等. 循环经济关键技术研究与实践 [M]. 合肥：安徽科学技术出版社，2019.

[9] 王汉洪，邓学文. 蓝色未来：循环经济探索与发展 [M]. 北京：企业管理出版社，2021.

[10] 闫敏. 循环经济国际比较研究 [M]. 长春：吉林出版集团有限责任公司，2016.

[11] 王苏全. 低碳经济对我国外贸发展的影响 [J]. 老字号品牌营销，2022（24）：76-78.

[12] 周宏春. 中国低碳经济发展现状及展望 [J]. 科技导报，2022，40（21）：6-12.

[13] 王成勤，刘朝霞，邓婷，等. 低碳经济背景下的企业可持续发展研究 [J]. 现代商业，2022（3）：141-143.

[14] 邬彩霞. 中国低碳经济发展的协同效应研究 [J]. 管理世界，2021，37（8）：105-117.

[15] 邓荣宇，王安倩. 浅析循环经济与低碳经济的协调发展 [J]. 中国市场，2019（22）：8-9，26.

[16] 汪明月，张琪琦，史文强. 低碳循环经济的内涵及发展策略研究 [J]. 东北农业大学学报（社会科学版），2017，15（5）：46-52.

[17] 陈志峰，王海平，林国华，等. 基于低碳经济理论视角的现代循环农业发展战略与对策 [J]. 环境与可持续发展，2015，40（4）：35-38.

[18] 伍国勇，段豫川. 论超循环经济——兼论生态经济、循环经济、低碳经济、绿色经济的异同 [J]. 农业现代化研究，2014，35（1）：5-10.

[19] 方大春，张敏新. 低碳经济的理论基础及其经济学价值 [J]. 中国人口·资源与环境，2011，21（7）：91-95.

[20] 杨志，张洪国. 气候变化与低碳经济、绿色经济、循环经济之辨析 [J]. 广东社会科学，2009（6）：34-42.

[21] 申洋洋. 科技创新对中国循环经济发展水平的影响研究 [D]. 郑州：河南财经政法大学，2021.

[22] 韩春蕾. 低碳经济对居民健康的影响及协调对策研究 [D]. 济南：山东大学，2016.

[23] 王心宇. 煤炭企业低碳经济综合评价方法及实证研究 [D]. 北京：首都经济贸易大学，2016.

[24] 李少聪. 低碳经济下京津冀发展路径研究 [D]. 石家庄：河北经贸大学，2015.

[25] 卢红兵. 循环经济与低碳经济协调发展研究 [D]. 北京：中共中央党校，2013.

[26] 李峰. 我国中部农业循环经济发展战略研究 [D]. 武汉：武汉大学，2013.

[27] 王韶华. 基于低碳经济的我国能源结构优化研究 [D]. 哈尔滨：哈尔滨工程大学，2013.

[28] 胥明琳. 发达国家低碳经济的实践及对中国的启示 [D]. 西安：西安建筑科技大学，2012.

[29] 李国志. 基于技术进步的中国低碳经济研究 [D]. 南京：南京航空航天大学，2011.

[30] 崔波. 中国低碳经济的国际合作与竞争 [D]. 北京：中共中央党校，2013.